问

ANCESTOR

祖

中原历史文化系列丛书
SERIES ON THE HISTORY
AND CULTURE OF
CENTRAL PLAINS

李鸿安◎著

中央民族大学出版社
China Minzu University Press

序 问祖

东汉末年经学大师郑玄说："始祖者，感神灵而生，若稷契也。"这些"感神灵而生"的始祖，生活在史前时期，活跃在千古传说中。但在中国人心目中，相信他们是真实的存在。从开天辟地，到人世间的衣食住行，始祖上演了惊天动地的活剧，为人类文明的创造和发展，建立了丰功伟绩。

本册追根寻源，从曾经被淡漠、遗忘、弃置的古迹遗址的片瓦碎砖中，发现他们的历史足迹；从繁浩的史料里，挖掘他们的故事：神秘的降世，神奇的成长，惊世的发明创造，一统华夏的伟业，以及为创造和发展人类文明的献身壮举。

传说里晃动着历史遥远的身影，始祖身上凝聚了华夏民族的梦想。

目录

篇

第一章 创世之祖盘古

问祖

第一章 —— 创世之祖盘古

创世之祖盘古

1. 顶天立地的英雄

距今 2300 年前，伟大的诗人屈原在他千古传诵的诗篇《天问》里，就提出了天地是谁人开辟的，怎样开辟的，宇宙是怎样构成的等天问，曰："遂古之初，谁传道之？上下未形，何由考之？冥昭瞢暗，谁能极之？冯翼惟像，何以识之？"远古之初，谁人来解释说明？天地未分，从哪里去考究？那混沌的世界，谁能够弄明白？这一连串的对天发问，在不能用科学原理解释之前，人们只能靠想象来排解自己的困扰。

最早记载盘古开天传说的一部著作叫《三五历纪》，又作《三五历》，为三国时代吴国人徐整所著，内容皆论三皇以来之事。此书已佚，仅部分段落存于后来的类书如《太平御览》《艺文类聚》之中。徐整在他的著作中是这样描写的："天地混沌如鸡子。盘古生在其中，万八千岁。天地开辟，阳清为天，阴浊为地。盘古

在其中，一日九变。神于天，圣于地。天日高一丈，地日厚一丈，盘古日长一丈。如此万八千岁。天数极高，地数极深，盘古极长。故天去地九万里，后乃有三皇。天气蒙鸿，萌芽兹始，遂分天地，肇立乾坤，启阴感阳，分布元气，乃孕中和，是为人也。首生盘古，垂死化身。气成风云，声为雷霆。左眼为日，右眼为月。四肢五体为四极五岳，血液为江河，筋脉为地理，肌肉为田土，毛髭为星辰，皮肤为草木，齿骨为金石，精髓为珠玉，汗流为雨泽，身之诸虫，因风所感，化为黎虻。"

盘古创世神话除了出现在《三五历纪》《五运历年纪》中，之后在《述异记》《博物志》《上古开辟演义》等典籍中均有比较详细的记述。若将这些典籍中的记载清晰地勾勒出来，盘古神话的原始面目及其嬗变就一目了然了。

插图 1-1 盘古创世图
盘古开天辟地是四大文明古国中最原始最古老的创世神话。盘古，华夏民族共识的祖神，他殚精竭虑毫无保留地以自己的生命演化出生气勃勃的大千世界，丰富充实了大自然，完成了一次完美的生命升华。

相传，太古之初，没有天，也没有地，宇宙处于元始状态，混混沌沌，如一个密封的大鸡蛋。"鸡蛋"里混浊黑暗，只有一团气体填充着。在这一片鸿蒙里面，孕育着一位神，他叫盘古。盘古在里面从婴儿长成巨人，经过了一万八千年才睁开眼睛。他朦胧的双眼一睁，一团漆黑，气闷难耐，全身被困，不能活动。盘古愤怒了，他奋然跃起，巨手一伸，巨腿一蹬，"鸡蛋"裂开了。但他只是看到一线光亮，还是不能出去，任怎样踢打，也打不破蛋壳，他的手突然摸到一把巨斧。这把巨斧，是他沉睡时呼出的天元气凝化而成，是一把与盘古共生共育的神斧。

盘古手握神斧，奋力举起，向这混沌的东西劈去，轰隆一声巨响，一条更宽的裂缝开了，混沌的浓雾慢慢散开了，灿烂的光亮照射进来。蛋壳中清明而缥缈的气体冉冉上升，变成明净的天空；混浊而重的气流下沉，变成厚实的大地。盘古放眼望去，上边空阔澄清，顿时觉得心情舒畅了。

盘古舒了口气，舒展了四肢，休息片刻。这时，他看到天又慢慢下沉，地也在慢慢升高，天地越来越近，大有合拢之势。盘古心惊了，急忙举起巨手支撑着天，双脚蹬在大地上，顶天立地撑开了天地。

日复一日，年复一年。天，一天高一丈；地，一天厚一丈。盘古每天也随着天高地厚而生长。他每天仰脸呼吸着上天的灵气，俯首吮吸着大地上的甘泉，他的感情也在发生着喜怒哀乐的变化，天地也随着他的感情变化而变化。他睁眼是白昼，闭目成夜晚；开口为春夏，闭口是秋冬；他发怒则天空布满乌云，哭泣则大雨倾盆，洪水泛滥；他叹气时狂风骤起，飞沙走石；他熟睡的呼噜声成了隆隆雷声，一眨眼则闪电划破黑暗天空；他高兴欢悦时天空无云，风和日丽。

就这样时光又过了一万八千年，天地已相距十万八千丈了，再无合拢混沌的可能了，盘古也成了一个顶天立地的英雄。盘古终于耗尽了自己的精力，他最后深情地看了看自己亲手开辟的天地，轰然倒下了。瞬间，他的巨大身躯金光四射，随之，他身体每一部位都在发生着变化：左眼变为耀眼的金色太阳，右眼变成明媚皎洁的月亮；四肢五体成为四极五岳，群峰耸立，雄伟壮丽；血液成为滔滔的江河湖海，在大地流淌；筋脉化为丘陵沟壑，皮肤成了坦荡的平原；毛发变为花草树木，肌肉变作肥田沃土；齿骨为金石，精髓化珠玉，汗流成雨泽。总之，盘古把自己的全部都奉献给了他创造的世界，丰富和充实了大自然。在他完美地升华了自己的生命过程中，他把自己所创造的这个世界变得生气勃勃、五彩斑斓。

盘古创世神话如此的美妙动人，盘古生则创造一个美好的世界，死也奉献了自己的所有，可谓"生的伟大，死的光荣"。盘古给人类和人类文明带来了第一道曙光。

2. 盘古山的传说

桐柏山位于河南、湖北交界地区，西北、东南走向，其主脊北侧大部位于河南省境内。可谓"比华山高险、与黄山竞秀"。

桐柏山许多山峰海拔千米以上，山势陡峭。桐柏山景观独特，山势挺拔，山石嶙峋，草木葱茏，云雾缭绕，蔚为壮观。在清晨日出之时远眺，可见山清如洗，曙光笼烟，云蒸霞蔚，奇秀无比；每当冷空气过境，山间的云雾或淡薄缥缈，或绵厚稳重，或雄伟壮丽，或瞬间变幻，如玉带，似瀑布；忽而云蒸雾霭，峰顶即为云海淹没，雨丝拂面，行云如万马奔腾；忽而骄阳当空，峰顶犹如孤岛，脚下一片云海，宛如仙境。

桐柏山是千里淮河的发源地。三国吴人徐整所著的《五运历年纪》中记载："盘古开天地，血为淮渎。"

桐柏山的盘古文化、盘古神话传说丰富，盘古山、盘古庙、盘古船、盘古井、盘古磨等盘古文化的建筑随处可见。中国著名神话学专家袁珂曾多次来桐柏山考察，他认为，"桐柏山是中原盘古文化产生的中心"。

在桐柏山脉北陲段，即是盘古山。盘古山在河南省南阳市泌阳县陈庄乡境域。以山顶为界，北属泌阳县，南归桐柏县。传说此山就是盘古开天辟地、繁衍人类、造化万物的地方。山势巍峨挺拔，高耸入云。山石嶙峋，林木苍郁，古庙幽静，云雾飘荡，一层层薄纱覆盖着一个个悠远的盘古神话传

插图 1-2 桐柏山主峰太白顶

桐柏山位于河南省、湖北省边界地区，属淮阳山脉西段。西起南阳盆地，东止鸡公山，长100 余千米。主峰太白顶，海拔 1140 米，位于山脉最西端桐柏县之西。主脊北侧大部分在河南省境内。

说。在山峦周围广泛分布着盘古人文历史景观，自古以来灵迹甚多。据《泌阳县志》载："盘古山，县南三十里，蔡水出焉。本名盘瓠，后演为盘古，因立盘古庙于上。"每当风和日丽的天气，清晨曙色如万千条五颜六色的巨龙在上空腾飞，山间的云雾翻滚着，犹如浩瀚的海市，恰似龙虎狮象奔腾。雨后初霁，更为壮观：山色焕然一新，霞光万道，祥云万朵，整个山体如赤金铸就。

当地民间传说，盘古山就是盘古神开天辟地的地方，并且盘古的其他创世造人的传说也在桐柏县、泌阳县一带流传。其中有一则很有趣味。

天地混沌之时，飘来一个大气包，盘古举斧砍去，气包化为一座大山，盘古曾坐于山巅休息。后来，天宫玉帝派来自己的三女儿下凡，要他与盘古结为兄妹，过人间平凡的生活。盘古兄妹采树叶编织成衣以遮体；摘野果、捕鱼打猎作为食物，构木为巢以遮风挡雨。

兄妹二人过着安稳的日子，一天，来了个石狮子，这是天帝派来的天神化成的。石狮子暗示兄妹二人天下即将发生洪水灾害，要他们做好防洪准备。不久，洪水果然来了，顷刻天塌地陷，大地被淹没了。兄妹二人马上钻进石狮子肚内，这才避过一灾。

洪水过后，兄妹二人立即补好天上的漏洞，大地又恢复了平静。但是，大地上已无人烟，只有有了人这大地才有生气。正在这关键时刻，石狮子马上传达了天帝

的心愿，让盘古兄妹成婚，繁衍人类。

盘古兄妹听说之后，认为兄妹成婚有悖人伦道德，坚决不从。天帝得知后，再传旨意，让他们用滚动石磨盘的办法来验婚。兄妹二人只得依法照办。石狮子拿来两扇磨盘，兄妹二人各执一扇，到了一座山顶，约定两扇磨盘从山顶同时往山下滚，滚到山底，两扇磨盘若合，则兄妹二人必结为夫妻。天命不可违，二人无话可说。

石磨盘验婚开始了，兄妹二人站在山顶，同时把两扇石磨向山下推去。两扇石磨滚动着时快时慢，时分时合，一直滚到山脚下，他们一看，两扇石磨合在了一起。盘古兄妹只好按约定当即成婚，这是真正的"天作之合"了。

盘古兄妹按天意成婚之后，繁衍子孙，生生不息，代代相传，盘古兄妹也就成了人类始祖。夫妻二人所居住、生活、生子育女的那座山，以丈夫盘古之名而命名，叫盘古山。古传盘古氏夫妻，阴阳之始也。

据传，今河南省泌阳县大磨村里，有一扇石磨盘，直径3尺余，底部有两个正方形相套的几何图案，中有梅花纹。人称盘古磨为神磨，千百年来，一代一代人敬仰它，保护它。逢年过节就有人到磨跟前烧香放炮，磕头礼拜。甚至谁有头疼脑热的，也会到石磨跟前祈祷，以求盘古爷神灵的保佑。民间说，这扇石磨盘遇到天旱缺水时，村里人马上支起石磨，就会下雨，因为那是盘古兄妹滚石成婚时留下的。

虽为神话传说，但百姓的纪念情结，却代代相传，盘古山主峰的盘古庙是为见证。古庙大殿高耸宽敞，飞檐画栋，古色古香，气宇轩昂。大殿内正中是盘古彩塑像神位，高3米多，手持日月明镜，身穿葫叶，腰束葛条，赤着双脚，全然一副劳动者的形象，表现出这位神灵的朴实、忠厚、善良。两侧分立着天皇、地皇、人皇等"三皇"和黄帝、尧、舜、禹、汤等"五帝"的塑像。中殿供奉的是儒教孔子、佛教释迦牟尼、道教老子的神像，三教始祖置放在一庙，供奉于一殿，中国独此一家，表现出盘古庙所独具的在神界一统开放的姿态。大殿东西两侧的建筑，古朴典雅，分别供奉着财神、观音菩萨、关公等诸神像。在主峰西侧山腰上，有庙一座，内供奉着与盘古滚石成婚的"盘古奶奶"，她和大殿的"盘古爷爷"遥遥相对，共守青山。

门廊的两侧分立着四大天王的塑像，个个魁梧雄劲，威风凛凛。盘古庙有闪棚、卷棚、大殿，顶梁柱为石头造成。这座庙宇的修建确切年代无考，据说西汉时期就已存在。罗萍所注的《路史·前纪一》中记载："代（世）所谓盘古氏者，神灵，……按《地理坤鉴》云'龙首人身。'而今成都、淮安、京兆皆有庙祀。"泌阳县隋代称淮安郡，这证明了在隋代时期，盘古庙已有相当规模了。

盘古山、盘古庙与盘古创世的神话故事一样，在古代典籍中多有记载。《古代图书集成·山川典·泌水部》所引《水经注》文中，记有魏晋南北朝时期，就出现了与盘古相关的地名。李梦阳《大复山赋》记述中，明确地说，桐柏地区的盘古氏业绩如"明划日月""上冠星精，下首地络"等，盘古创世与地理和地形相关，那是铸天造地，开辟光明的伟大壮举。盘古开天辟地创世，和世界上任何民族的创世神话一样，瑰丽多彩，令人敬仰，更能表现出中华民族祖先的豪迈气势。盘古神话之所以在桐柏山区一带流传千古，受到人民的纪念和崇祀绝非偶然。

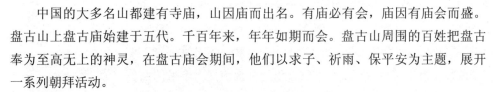

3. 盘古庙会

中国的大多名山都建有寺庙，山因庙而出名。有庙必有会，庙因有庙会而盛。盘古山上盘古庙始建于五代。千百年来，年年如期而会。盘古山周围的百姓把盘古奉为至高无上的神灵，在盘古庙会期间，他们以求子、祈雨、保平安为主题，展开一系列朝拜活动。

传说，盘古山上时有神光显现，还有蜃楼仙境，当地百姓说曾亲眼看到过。正如百姓所传，每当奇景出现时，如梦如幻，令人遐想。仙楼宫阙井然，麒麟、彩凤、青鸾、仙鹤、白螭、神龙、仙鸟，飞翔其间。琼草玉树，郁郁葱葱。灵果珍品，琳琅满目。瑶宫紫阙有神仙来来往往，彩裳宫娥童子相随。在仙山琼阁中，有一座气势恢宏的大殿，正门悬青玉大匾，上书"盘古神殿"。殿外庭中有百丈玉雕，莹光润透，上绘一神人，虬髯浓眉，金刚怒目，方口大耳，上身赤膊，肌肉虬结，下身槲叶围裙，手执利刃巨斧，这就是创世大神盘古。

百姓所见仙景消息传至京城，皇帝下旨命"钦天监"占卜。占卜结果报告皇帝，盘古山上确有神仙出现，是天降祥瑞的征兆。于是，皇帝兴师动众亲往盘古山拜祭。到了盘古山，好像神仙欢迎皇帝到来，蜃楼仙景重现。皇帝大喜，立即净身、斋戒、焚香，叩拜祈祷，永葆社稷。皇帝下旨寻能工巧匠，在盘古山顶造殿立社，树碑立传；命令僧道代皇帝管理和祭祀天神，以求国泰民安。

世传盘古是农历九月初九诞生，三月初三升天。于是，在每年百花盛开的阳春三月，百姓农闲之时，兴举庙会，纪念拜祭盘古。

传统的盘古庙会期间，善男信女携家带眷，虔诚朝拜，以求多福。僧道凡夫、官宦平民、商贾小贩、鸿儒白丁云集盘古山，或论道说法，或攀比奢华，或借此营生，或泼墨生花；三教九流、走卒艺人大显身手，变戏法儿，舞枪弄刀，舞龙舞狮，斗鸡耍猴，不一而足；各地风味小吃、冷饮、布偶、纸鸢、木质刀剑、竹箫短哨，垂髫小儿流连其间；外地客商携锦帛、雾茗、书画、美玉，借此易物，换取黄白。叫卖声，讨价声，欢笑声，吟哦声，祈祷声，诵经声，不绝于耳。

山下车马、云轿、简棚、华盖，占地而设。山道两侧，香客游人林荫小道沾汗而行，摇扇挂竹，踊跃跳行，裙带相帮，或步履匆匆，或驻足而望，尽现世间百态；烹茶品茗，沽酒独酌，行令聚饮，生机盎然。山顶之上灯谜、对联、赋诗、作词等文墨之巧，骚客鸿儒，尽来附足，一展才华。

传至当今的盘古庙会，会期仍是每年的农历三月初三，但庙会内容与形式有所变化。届时，豫南及周边省市的百姓蜂拥而至，烧香拜祖。期会一般五至七天，前三天为头会。庙会一到，各路善男信女以唢呐为前导，抬着供品，或整猪整羊等向山上爬去。此时的盘古山，上上下下人流如蚁，锣鼓喧天，旗帜招展，香烟缭绕，各种车辆排列如长龙，蜿蜒十多公里。香客游人每天有十万之众，三月初三那天多达数十万。路途遥远的人头天晚上便起程前往，天色未亮赶到，就露宿盘古庙前，他们为能做第一批朝拜的人而自豪。盘古庙会朝拜是有组织的有序活动。盘古山周围分成四大域，各设一位"域长"，轮流主持每年三月的盘古庙会。庙会期间，"域长"称为庙会的"会首"。会首负责会期的治安秩序、香火收入的使用、戏班安排等重大事情。

能把庙会渲染得热火朝天的，莫过于唢呐声，民间叫"响器"。农历三月初三一大早，自发组织起来的各路盘古社响器班子，便在各自的会首带领下，一路吹吹打打，一路鞭炮，在前后香客游人簇拥中，沿着盘山道向山顶的盘古庙走去。

到了山顶，虔诚的香客们开始了朝拜活动，在"盘古爷"神像前摆上丰盛的祭品，燃放鞭炮，手执香烛，焚香烧表，躬身叩拜，嘴中念词，倾诉凤愿，磕头祝祈，感谢盘古的浩荡恩德，或请求盘古赐福祛疾，保佑人们平安无事，或祈祷盘古显灵，愿家中媳妇早得贵子。有的人家还要重金赠"香火钱"。

8

插图 1-3.2 泌阳盘古庙会

每年农历的三月三日，河南南阳地区泌阳盘古山一带的各路善男信女，以热烈的唢呐为前导，抬着整猪整羊等供品，一路焚香燃裱，燃放鞭炮，爬到山顶盘古寺，为期五天的祭祀盘古大神的庙会开始了。人们心存虔诚，向盘古神求子祈福保平安。在笼罩着浓郁神话色彩的祭祀活动中，盘古神话被更加神秘地传播出去。

盘古大殿前有一直径约 3 米的砖砌圆形焚香池，专为庙会期间所用。善男信女排队焚烧香裱，焚香池内热气升腾，火苗可达 1 米多高。焚香池底部池壁上，留有数十个方孔。一是为了通风，使香火更旺；二是可以从孔中扒出香灰，香客游人用香灰烧鸡蛋和烤馍。当地风俗，上山祭拜"盘古爷""盘古奶奶"，除带上香裱、鞭炮、供品之外，必须带的还有鸡蛋。鸡蛋或用提篮提，或用布兜兜，心怀希望，意念祝愿。烧过香，点过纸，把鸡蛋放入灼热的烟灰里烧熟，有的当时剥皮就吃，有的小心翼翼拾入篮子带回家给家人分享。他们认为经过香灰烧熟的鸡蛋，"盘古爷爷"已把灵气附在鸡蛋上，人吃下这鸡蛋有病可以治病，无病可以健身，又有辟邪恶、祛灾祸的作用。

除了烧香磕头许愿外，其他大的活动项目是还愿唱地方戏，锣鼓喧天，唱腔高昂。最吸引人的是唢呐比赛。各路"响器班"纷纷拿出绝技，使尽气力，挺力对手。围观的香客游人一阵阵的叫好声、鼓掌声，与悠扬嘹亮的唢呐声交织在一起。

山上盘古庙前香烟缭绕，吹唢呐、唱大戏、放鞭炮和欢呼声组成了盘古山特有的民俗大合唱、交响乐；向山下望去，登山道上，盘古山周围的人群蜂拥而至，攀缘的人流如蚁，各色"香火会"的会旗迎风招展，鞭炮声和锣鼓声与山上相呼应。

到盘古庙会朝拜的人，大体可分为两大类：一类以中年男性为主体，即"盘古社"的人。他们朝拜盘古是为了求得风调雨顺，以期得到盘古的恩赐，得到一个丰收年。"盘古社"的人群很另类，他们的行装颇为特殊，用被单包裹起香裱，斜挎在身后；"会首"走在最前面，他的腰上系一条长长的绳子，在绳上系着许多红布条或红丝线，牵引着上山朝拜的"盘古社"人，往上登攀。他们是把盘古作为山神祭祀。另一类以妇女为主体，多为青年妇女和老年妇女，朝拜"盘古爷"的目的是求子，她们是"许愿""还愿"的人群。她们在盘古山的山脚下，郑重地在胸襟上系好红丝线、红布条儿，先磕几个头再上山，常常有几个老年妇人或几个青年妇女结伴而行，还有人带着铃铛。求子的仪式主要是口头许愿，口中念叨着："盘古爷爷，盘古奶奶，您行个好，给俺添个小孙儿，我给您请场大戏，好酒好菜款待您，一年四季给您请安问好，叫儿孙一辈子都记着您。"也有老太婆领着小孙儿在盘古庙磕头的，愿"盘古爷"保佑孙子平安。按当地的风俗，要为这样的孩子许愿，要磕到 12 岁，盘古爷才不会把小孙儿"收走"。

发生纠纷的村民还利用盘古庙会期间，去烧香磕头请"盘古爷"做"法官"断官司。他们的仪式是在盘古庙前摆供品、烧纸、放炮，然后跪下发誓，他们的誓词是说明强调自己没有做亏心事，让盘古惩罚亏良心的人。还有经商的人，去盘古庙的明确目的是祈求盘古保佑平安、发财。

盘古庙会过后，盘古山周围总要落一场春雨，百姓们尊称为"净山雨"。这里的百姓热爱盘古山，"东西南北搬，不如盘古山"，朴素的语言表达了他们对盘古山的深厚感情。据说盘古山自命名之后，数千年来当地没有出现过天灾。忠厚朴实的盘古山人，每年在盘古庙会上虔诚的朝拜活动，正是他们对盘古夫妇恩德的报答。

盘古庙会自始至终都笼罩着浓郁的神话色彩。庙会上的每一种祭祀活动，都有相关的神话传说在当地流传。盘古山庙会表现出中原人民对盘古的崇拜和信仰，显示着盘古文化的博大和深远。

4. 桐柏盘古文化

有关盘古开天辟地创世的神话传说，由先民口传心授，广泛地流传在桐柏山地区。桐柏有座盘古雕像很特殊，头上生两只角，身着葛藤串联树叶而成的衣服，手执阴阳太极图。在河南省的桐柏县和泌阳县周围，分布着许多与盘古有关的盘古墓、八子山、盘古村、盘古磨、石狮子、石箱子、九龙山、盘古井、盘古船、百神庙等盘古圣迹群，形成了民俗特色浓厚的盘古文化群。

耸立于崇山峻岭中的盘古祖殿，是桐柏人祭祀顶礼之地，香火昌盛，殿内的盘古铜像为中国最大。2005 年 3 月，桐柏县被中国民间文艺家协会命名为"中国盘古文化之乡"。2006 年 10 月 30 日，桐柏县举办了"全球华人首次祭祀盘古大典"，并决定每年农历九月初九为盘古祭祀日。

当地独特的遗风遗俗，也保留了盘古传说的遗迹。桐柏古庙祖师顶敬奉的第一大神盘古元始天尊，是纪念盘古在桐柏山开天辟地的功绩；当地嫁女陪送连根带梢的竹竿，这一习俗源于盘古造人的传说。盘古用泥捏人，晾晒时遇雨，来不及收起，就用竹子收扫泥人。诸如此类与盘古相关的神话传说，在民间俯拾皆是。而桐柏上的一尊盘古山体卧像，更增添了盘古的神秘色彩。

在桐柏山深处有一著名水帘，位于翠峰绝壁上，洞宽10米，深5米，中有猴王石像，通天河水飞流直下，掩遮洞口，雨则龙吟虎啸，晴则游丝断珠；洞内一泉涓滴，汇于一石钵内，其水甘甜凌冽，四季不涸。殿堂后面紧临一座百米峭崖，一弘山泉自崖巅倾泻下来，活像一条水晶挂帘悬在空中，将峭崖上部的一座天然石窟遮掩在幕后，称为水帘洞，寺因此得名。经考证，吴承恩写《西游记》中的花果山水帘洞，其原型就是这个水帘洞。吴承恩曾在南阳新野县做过县令。明代嘉靖年间，吴承恩在新野县任职时，曾多次到桐柏山游览，搜集到大禹导淮治水、三到桐柏、捉拿水妖巫支祁的"禹王锁蛟"等故事。作为文学创作素材，以水帘洞、通天河、放马场、太白顶等风景为雏形，创作了花果山、水帘洞、美猴王。鲁迅先生在《中国小说史略》中指出，《西游记》中孙悟空的原型就是水妖巫支祁。

盘古山体卧像就位于水帘洞西侧峻岭上，山体像首南足北，仰面而卧，头枕元宝垛，脚蹬花果山，身绵长6公里之余，发髻、眼、耳、口、鼻、胸部清晰可辨，神态安详，十分逼真，自然天成，彰显造化之神工。

"盘古开天，血为淮渎，毛为山林"。百姓相信淮河是由盘古的血化成的大河。

10

插图 1-4.1 桐柏山水帘洞
桐柏山水帘洞位于河南省南阳市桐柏县西5公里处。水帘洞距地面20余米，洞内有泥塑猕猴一尊，猴身上有泉水流出，洒在石钵中叮当有声。洞口有山顶倾泻而下的瀑布遮盖，犹如珠帘垂挂，泉水清纯甘洌。道家定水帘洞为"天下第四十一福地"。清乾隆四十九年以后，桐柏山佛教昌盛，自成白云山系，成为饮誉海内外的佛教圣地之一。

插图 1-4.2 桐柏山盘古神山体巨像

盘古神为了人类，把自己的所有贡献出来，创造了一个美好的世界。然后，他躺在桐柏上，仰面而卧，甜美地睡了，头枕元宝垛，脚蹬花果山，身绵长6公里之余，其发髻、眼、耳、口、鼻、胸部清晰可辨，神态安详，是那样欣慰、那么安详、那么美。

《桐柏县志》载："淮，始于大复，潜流地中，见于阳口。"桐柏山主峰叫太白顶，海拔1140米，为豫南第一高峰，古称胎簪山、云蒙山，位于桐柏县城区西15公里处。太白顶山势陡峭，云蒸霞蔚，峰顶直插云霄，攀登如乘云登天。太白顶北麓有一井，人称"小淮井"。淮河从这里开始奔涌千余公里，流域面积达27万平方公里。淮河又称淮水，是华夏风水河，为古"四渎"之一，中国历史上将长江、淮河、黄河、济水四条直通到大海的河流，称为"四渎"。

秦王嬴政二十六年诏令名山大川，于淮河源头建造一座庙宇称为淮渎庙，至今已历2000多年。自那时始，历朝历代有50多位帝王派官员到淮河之源的淮渎庙，祭祀淮河和盘古大神。淮渎庙前，文官要下轿，武官必下马，随员要匍匐前进。明代开国之君朱元璋亲自撰写祭文刻巨碑立于庙内。历代多次重修，仅清代修葺就达10次。

淮渎庙内还有一块不寻常的石碑，是康熙皇帝的御书"灵渎安澜"四个大字。这四个大字隐藏着一个神话传说。

相传大禹治洪水来到淮河源头桐柏山，发现这里有一个水妖在作怪。此妖叫巫支祁，其头如猿，身似龙，力气大，腾云雾，神通广大。大禹无法捉拿，就派他的外甥太阳神的儿子庚辰前去擒拿。庚辰用定水针将水妖制服，用铁链锁住，关在井中，从此淮河水患平息。水妖巫支祁被投入井时，还问大禹，何时能放自己出井。大禹回答："等到石头开花。"

清代康熙年间，有两解差路过此处，闻听井锁水妖之事，感到奇怪，想去那眼井前看个稀罕。他们到井边，探头往井里看。这时，水

妖巫支祁却看见石头开了红花，其实那是解差帽子上的红缨带。水妖巫支祁这一误看不大紧，大吼一声，挣脱铁索，冲天呼啸而去。康熙得报，大惊，急忙提笔写下"灵渎安澜"四个大字，防它再用水灾祸害百姓，刻碑立于此处以镇魔降妖。

"万代盘古，根源桐柏"，由此衍生出的盘古化血成淮、大禹镇妖等诸多美妙的神话，不但是桐柏人民的自豪，而且千秋万代凝成为致高的境界，闪烁在华夏文化的星空。

插图1-4.3 淮渎庙康熙御书的匾额

此匾额在淮渎庙内。桐柏县是古四渎之一的淮河发源地，淮渎庙建于东汉延熹六年（公元163年），系淮河水神之庙，历代多次重修，仅清朝就修葺10次。康熙皇帝曾为大殿御书"灵渎安澜"匾额。历代朝廷曾派朝臣前来淮渎庙祭淮50余次，地方官在每年仲秋月亦择日祭祀。淮渎庙常年晨钟暮鼓，香火不断。

第二章

「人祖爷」太昊伏羲

问祖

第二章

"人祖爷"太昊伏羲

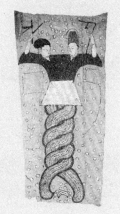

二

"人祖爷"太昊伏羲

1. 伏羲出世

　　列子是战国时的思想家，他的门客根据他的活动与言论编撰成《列子》一书，其中《列子·黄帝》记述了上古时期一个小国的情景：黄帝即位15年，"昼寝而梦游于华胥氏之国。华胥氏之国在弇州之西，台州之北，不知斯齐国几千万里，盖非舟车足力之所及，神游而已。其国无帅长，自然而已。其民无嗜欲，自然而已。不知乐生，不知恶死，故无夭殇；不知亲己，不知疏物，故无爱憎；不知背逆，不知向顺，故无利害；都无所爱惜，都无所畏忌，入水不溺，入火不热。斫挞无伤痛，指擿无痟痒。乘空如履实，寝虚若处床，云雾不遮其视，雷霆不乱其听，美恶不滑其心，山谷不踬其步，神行而已。"

　　这个"华胥国"远在中国西北，喜怒哀乐、远近厚薄、怨恨仇苦，皆荡然无存，顺其自然。华胥国的人，人耶？神耶？

　　华胥国有一位美女，叫"诸英"。一天，她到东方的"雷泽"游玩，"雷泽"是一个树木蓊翳，风

插图 2-1.1 华胥氏履巨人足迹怀孕图（石雕壁画）

传说在中国遥远的西北，有一个极乐的国家，叫华胥国。那里有位美丽的姑娘名叫华胥氏。有一次，她到大沼泽雷泽游玩，看到雷泽边上有一巨大的脚印，她觉得很稀奇，便去踩这个脚印。她顿时有了某种奇特的感觉，头上出现一道彩虹，原来她怀孕了，生下一个男孩，伏羲降生了。雷泽的主神是雷神，那个巨大的脚印就是这位大神的，所以，伏羲是雷神的儿子。伏羲出世创造了人类文明，改变了人们的生活，改变了这个世界。

光美好的大沼泽。天真的少女漫步其间，突然看到地上有一个巨大的脚印，十分奇怪。她就用脚踩了踩，想看看谁的脚大呀！岂料她刚把自己的脚放上去，只见祥光四射，彩虹降落，围着她久久不散。她全身一阵震颤，顿觉腹内一股热气凝聚。此后，她怀孕了肚子渐渐大起来。她一敲打腹部，就会发出响雷声音。原来，她踩的那巨大的脚印是雷神的。雷神，是"雷泽"的主神。雷神人首龙身。

　　华胥国姑娘"诸英"怀胎12年，终于生下一子，这就是伏羲。他的相貌十分奇特。在《春秋纬》一书中是这样记述的："伏羲龙身牛首、渠肩、大腋、山准、

日角、大目、珠衡、骏毫、翁鬣、龙唇、龟齿。"他身"长九尺一寸，望之广、视之专"。在古书《帝王世纪》中，对伏羲氏的描写与《春秋纬》所描述的形象由"牛首"而变为"人首"了。"太庖羲氏，风姓，代燧人氏继天而王。母曰华胥，履大人迹于雷泽而生庖羲于成纪，蛇身人首，有圣德。"照今天的说法，这样的形象与雷神雷泽有着血统渊源关系。

被神化了的伏羲氏，是原始社会渔猎时代象征性人物。

"华胥国"在哪里？河南省周口市淮阳县《淮阳名胜》一书中说："古时候我国西北的华胥氏之国，是华胥氏居住的地方。"华胥氏，是中国上古时期母系氏族部落杰出的女首领，神话传说中女娲和伏羲的母亲。她的部落是"风兖部落"。华胥氏年轻有为，与族叔风偌率族人逐水草而居，过着浪漫的游牧生活。《春秋世谱》中说："华胥生男名伏羲，生女名女娲。"《太平御览》卷七十八引《诗纬·含神雾》说："大迹出雷泽，华胥履之生宓牺。"《山海经·内东经·郭注》中说："华胥履大迹生伏羲。"在今陕西省蓝田县西14公里处有华胥镇，考古发现，这片土地有130多万年人类活动的历史，是人类生息繁衍的摇篮。那里就是上古时的华胥国。殷函、尹红卿编译司马迁《史记·五帝本纪》开首卷写道："有文字记载的历史，从华胥氏开始，她是中华民族的始祖母。华胥氏生伏羲、女娲，伏羲、女娲生少典，少典生炎黄二帝。"这些文献典籍的记述，都清楚地说明了正是由于华胥氏生养了伏羲、女娲再由伏羲女娲结合成婚，才繁衍出了中华民族。因此，华胥氏是华夏之根民族之母，是华夏子孙的繁衍之根。

伏羲降生后，众人看他是个"怪胎"，主张"弃之"，但其母华胥氏"诸英"不愿，说这个孩子在我腹中屈伸有度，出海入天，翻云覆雨，变化无常，必是神龙。于是，在她精心养育下，伏羲健康成长。

伏羲氏生活在远古时期，距今大约6000多年前，那时正处于原始社会，人们以

插图2-1.2伏羲建都宛丘图（石雕壁画）

伏羲所处的时代，人们的生活环境十分恶劣，生产力水平极为低下，逐水草而居是他们的生存方式。所以，哪里有水喝，有鱼吃，有野果可采，有动物可猎，就迁移到哪里，过着游牧生活。6500多年前，伏羲带领他的部落沿黄河游牧东下，到达宛丘，这里有高丘可居，水草丰美，野果动物充足，成为他安居的理想之地，结束了游牧状态。于是，中国历史上第一个都城在这里诞生了。《五帝纪》《路史·太昊纪》《竹书纪年》等典籍中都有太昊伏羲氏"都于宛丘"的记载。宛丘遗址在今淮阳县城东南4公里。

16

采集渔猎为生。伏羲成人后终于如其所言，成了"龙"，其实他是一个部落的首领。史书上还称他为"伏羲氏"。所谓"氏"者，在中国古代文献中，凡是上古神话中的伟人，都尊称为"氏"。"伏羲"史书中又有多种称谓：庖羲、包牺、庖牺、伏戏等。

伏羲出生除史书有所记载外，还有民间口口相传的版本：今河南省淮阳县古称"宛丘国"，国王不但为国家的富足骄傲，还为有一个美丽的女儿而自豪。这引来了敌国的垂涎。

敌人出重兵将宛丘国团团围住，国王与大臣们拿不出退敌之策。国王气急败坏，只得用"舍不得孩子套不住狼"的办法，向外宣布：在三天之内，有谁能退敌兵，就把美丽的女儿许配给他。等了一天又一天，没有动静。正在国王焦虑之时，宛丘国都城外的蔡河上，顺水游来一只大白龟，龟背上立着一只大黄狗。白龟游到敌兵处，突然狂叫三声，奇迹出现了。顿时狂风骤起，飞沙走石，把敌兵全都吹上空中，然后狠狠地摔到地上，敌兵无一活命。

宛丘国国王得知后异常高兴，全国一片欢腾，国王忘乎所以，竟把自己之前的许诺忘到脑后。正在这时，那只狂叫退敌的大黄狗冲到国王面前。国王一看，黄狗口叼人头，仔细一看，是敌部落酋长的头。国王还没回过神来，那黄狗把人头往地上一扔，对着国王就叫起来。有大臣急忙提醒国王，赶快表达兑现许诺。国王心中有惧，默许。

公主听说自己将嫁给一只狗便大哭。有一位知道这只狗来历的大臣，向国王献策说，只要把这只狗扣在大缸里，经过七七四十九天，狗就会变成英俊的男子。国王听后大喜，公主也得到了抚慰。

大黄狗被大缸扣在西厢房里，过了一天又一天，大家都在焦急地等待结果，最心急的还是公主。到了第四十天头上，公主在着急中抱着好奇的想法，想看看大黄狗究竟变成什么样子了。于是，她趁天还没亮，悄悄地来到西厢房内，心急力气大，她一下子就把偌大的缸掀起来。可她猝不及防，只见万道霞光射出，一声炸雷震响，满屋香气。她看到一个青年男子的头，非常帅气，她一阵高兴，可再看身子，仍是狗身。公主害怕了，但没有办法。国王来看，也束手无策，只好先给他起了个名字。这物是"人"，又是"狗"，就叫"伏"吧。于是，在"伏"字后加一个语气词"兮"，叫"伏兮"，久之，叫成"伏羲"。民间所传的伏羲，就这样诞生了。

2. 龙都宛丘

伏羲所处的上古时代，人们的生活环境十分恶劣，生产力水平极其低下，只能逐水草而居，哪里有水喝，有鱼吃，有猎物，有野果，就向哪里去，过着居无定处的生活。

据传伏羲是成纪人（今甘肃省天水市秦安县辖区内）。古成纪地处渭河上游，上古时这里气候温和，有茂密的森林，有丰盛的水草，是适于居住的好地方。但是，伏羲部落人口不断增加，部落不断壮大，为了寻得更丰富的水草，伏羲带领部落，沿渭河的上中游，由西向东迁移。他们迁徙至陈仓（今宝鸡市金台区代家湾古陈仓城遗址），自此进入陕西关中地区，由此出潼关，沿黄河干流东下，最后到了中原一带。

据史书记载，6500多年前的中原地区，气候湿润，土地肥沃，河流纵横，雨量充沛，物产丰富，是原始先祖居住的理想之地。他们来到了广阔坦荡的黄淮平原的一个高丘上，看到这里水丰草茂，野果动物充足，地高宜居。特别是它旁边的蔡河，南北走向，水量充足，是能提供生活用水和捕鱼的最佳水流。伏羲独具慧眼，便在此落脚定居了下来。这个地方叫宛丘（今河南省淮阳县），伏羲在此建立了中国历史上第一个"都城"，从而结束了部落的游牧状态。

宛丘遗址又称"太昊伏羲遗墟"，宛丘遗址就是现在的"平粮台"。它位于河南省淮阳县东南4公里大朱庄之东，占地面积100余亩，高2丈，俗称平粮台、平粮冢、贮粮台，又叫"平粮台古城遗址"，距今4600年左右，是目前我国发现年代最早、规模最大、保护最完好的龙山文化时期的古城遗址。

关于"平粮台古城"，历史上多有记载。《淮阳县志》中称它为"平粮冢""贮粮台"。志书记载："贮粮台在城东南五里，俗呼平粮冢，高二丈，大一顷，旧有四门，林木蔚然。"《资治通鉴》中记载："太昊伏羲氏……都宛丘。"说伏羲"在位115年，传15氏，凡1260年而神农氏作"。《竹书纪年·前编》记载，伏羲"以木德王，为风姓。元年即位，都宛丘"。经专家考证，宛丘的位置就是淮阳城东南部的平粮台。这座古城遗址平面呈正方形，总面积5万平方米，城内居住面积3万4千多平方米，城墙上宽10米，下宽17米，夯土筑成，四个城角呈弧形。宛丘古城废弃后，历经2000多年，又成为楚、汉时期的墓地，在这里出土了金、银、越王剑、巴蜀剑、四轮铁车、玉璧等数千件珍贵文物。

河南省周口市淮阳县位于河南省东部，历史悠久，文化灿烂。上古时代，这里一直是华夏政治、经济、文化中心。淮阳县古称宛丘、陈、陈州。相传太昊伏羲氏定都宛丘，创华夏民族远古之文明。历史上曾三次建都，三次为国。6500年前，人文始祖太昊伏羲氏在此定都，创下先天八卦和龙图腾，燃升了人类文明的圣火。5000年前，炎帝神农氏在此建都始称陈，尝百草艺五谷，开创了中国农业的先河。

18

插图2-2.1伏羲坐像（南宋马麟绘）

伏羲，三皇之首，百王之先。他和女娲同是中华民族的人文始祖。伏羲根据天地万物变化，发明创造了八卦，这是中国最早的计数文字，是中国古文字的发端，结束了"结绳记事"的历史。他创造历法、教民渔猎、驯养家畜、婚嫁仪式、始造书契、发明陶埙、琴瑟乐器、任命官员等等。马麟，南宋画家，画承家学，擅画人物、山水、花鸟，用笔圆劲，轩昂洒落。

3000多年前，周武王封舜后妫满于陈，建陈国。道教始祖老子生于陈国苦县，成为道家文化的发源地。被称为"文官祖，帝王师"的孔子，三次游学于陈，为儒家学说的形成奠定了思想基础。

据《中华都城要览》记载："太昊氏衰，被炎帝所逐，复迁鲁，陈为炎帝之都。"太昊伏羲部落逐渐衰弱，被炎帝部族所逼而迁往山东曲阜，宛丘也就被炎帝所占领，在宛丘达1260年。后来强大的蚩尤侵入宛丘，赶走了炎帝，从此，宛丘都城的地位成为历史。到西周初期，周武王把舜的后裔妫满封于陈（今河南省周口市淮阳县），成为妫满的都城，而离陈国都城4公里的平粮台变作什么地方呢？《诗经》中《陈风·宛丘》一诗中描写："子之汤兮，宛丘之上兮。洵有情兮，而无望兮。坎其击鼓，宛丘之下。无冬无夏，值其鹭羽。坎其击缶，宛丘之道。无冬无夏，值其鹭翿。"这时，宛丘在距今3000年的周代，成为陈国一处休闲娱乐的场所，人们到宛丘高台上，放喉歌咏，击缶起舞，青年男女表达爱情。随着历史的变迁，宛丘渐渐成为废墟，至春秋时，成为帝王将相的墓葬之地。最终，被埋在地下。

1978年年初，河南省周口地区对全区文物进行普查中，平粮台也进驻了考古人员。一天，一位农民拿了一把挖出的剑找考古人员，想把剑上交给文物部门，能换点钱。考古队员给他两把铁锨，按时价为五角钱。这位农民不干，扭头就走，考古队员又加一把锨，三把锨成交，价值七角五分钱。当时，考古队员并不知，他们七角五分钱换来的是一件国宝级的文物。这把剑经考古专家鉴定，是一把春秋时期的"越王剑"。从此，平粮台引起了考古界和政府的高度关注。同年初夏，集中了全省考古界精英，对平粮台进行了重点发掘。可是，这时农村四个生产队在这里建了七座砖窑，在这片布满文物遗址的土地上，正大规模地挖土烧砖。考古队立刻叫停，农民不干，闹到省里才阻止了生产队的挖土烧砖。在考古专家和考古队员的努力下，经过两年多的发掘，终于，一座罕见的古城惊世现身。

宛丘是古老而神奇的地方。著名地质学家李四光在《中国古地理地图》的前言里说："在五亿七千万年前至十九亿年震旦纪期间，中国境内大部分是海的情况下，就出现了大片的淮阳古陆。"高高耸立的宛丘，犹如镶嵌在这片古陆上的一颗宝石。可是在距今大约一亿三千万年前强烈的燕山运动中，河南西北部、河北的西部隆起了太行山脉，而淮阳古陆的海拔高度开始下降，如今人们看到的仅是几米高的土丘了。

插图2-2.2 平粮台出土的陶质排水管道

平粮台古城遗址发掘出了城门，门道两侧有土坯垒砌的门卫房，城门下面埋有倒"品"字形的陶质排水管道，说明4300多年前那里的人们就科学地解决了城内污水排泄问题，这是目前世界考古中发现的最早的排水管道。由于它的发现，把我国市政建设历史提前了2000多年。

远古时代的宛丘，气候温暖，雨水充沛，河流纵横，林木蔽日，大象、野鹿、鸵鸟等各种野兽鸟类在此栖息繁衍。

平粮台古城遗址呈正方形，发掘中发现古城有城门、门卫房、陶排水管道和建在夯土台基上的大型土坯排房、陶窑、灰坑、瓮罐等遗物，还有生产工具、渔猎工具、生活用具、装饰用品，以及火烧的动物骨骼、鱼牙、贝壳等。专家鉴定，这就是太昊伏羲的都城宛丘。这座都城，其形状体现了太昊伏羲先天八卦"天圆地方"的理念，已具备了严格的城市管理体系。先民们已经掌握了用陶质排水管道，铺设了地下排水设施的技术，解决了都城排水与防御和交通的矛盾。而城门内两侧相对的门卫房，为同类型建筑形制开了先河。

宛丘古城遗址的现世以及出土的大量的珍贵文物，证实了"陈为太昊之墟""炎帝神农初都陈"等历史文献的记载。

这座古城时代最早、面积最大、保留最好，对研究我国古代城市的出现、国家的起源、早期奴隶制等重大学术问题，有着重要的价值和意义。

伏羲率部落自西向东迁徙的路途中，学到许多其他部落的农牧业知识，壮大了自己的部落，同时，也兼并了一些氏族。于是，不同氏族之间的联姻增加了，氏族的融合加快了，伏羲部落逐渐成为氏族中的一股强大势力，伏羲也成为氏族的核心领导人。伏羲到中原地带，并在地处黄淮平原中心的宛丘（今河南省周口市淮阳县）定都，伏羲占据了核心地带，成为中原统领九部的"第一帝王"。宛丘史称"龙都"。

3. 画卦台传奇

淮阳古城万亩碧波荡漾的龙湖中，静静地卧着一个小岛，这就是著名的画卦台。

伏羲氏生下来就是个天才，智力超凡，神力超凡，他始用八卦，是他超凡能力的印证。

相传，伏羲氏在蔡河捉到一只白龟，为龟背上的花纹所吸引，就把它养了起来。它成了伏羲氏又一个新的"科研课题"。有一天，他来到蔡河旁，看到水中出现一只怪物，非马非龙，背上的花纹很有意思。伏羲氏的灵魂被震撼。他即采蓍草一节，在一片大的树叶上，画下了"龙马"背上的花纹。他把这种花纹与白龟背上的纹路反复比较，潜心研究，经过七七四十九天，终于找到了花纹变化的规律，画出了八卦图。

伏羲氏画八卦的说法，大约始于战国时。据《周易·系辞下》载："古者庖牺氏之王天下也，仰则观象于天，俯则观法于地，观鸟兽之文，与地之宜，近取诸身，远取诸物，于是始作八卦，以通神明之德，以类万物之情。"在《尚书》《春秋》等典籍中也都有记载，这些记载客观地反映了一个事实：伏羲八卦是伏羲氏认真观察万物，精心比较研究，从中找出宇宙变化规律的结果。在淮阳古城关于伏羲氏画卦的另一种传说，似乎更有可信度。伏羲氏在蔡河里捕得一只白龟，龟背上的花纹引起了他的兴趣。他便在后人称作"画卦台"的旁边，凿池养龟。通过长时间的观察与研究，伏羲氏终于从龟背上的纹理得到了启发，联想到天、地、人以及各种事物及它们之间的联系，画出了八卦图。它以"—"为阳、"- -"为阴的两种线性符号为基础，以三道为一组，拼对出八个卦形：乾、坤、震、艮、坎、离、巽、兑，每个卦代表同一属性的事物。八个卦分别代表天、地、山、雷、泽、风、水、火。若用四道或五道不同线形为一组，就能变化出更多的卦形，以至无穷。

伏羲氏画出八卦，还有一个神奇的传说：伏羲氏画成八卦，识破了天机；天机一泄，得罪了天帝。伏羲氏怕天帝收走八卦图，便在一个月黑风清的夜晚，把图埋在"画卦台"旁，然后从东南角拔一棵柏树，栽到上面作为标记。栽树时，他用脚踏实培土，脚在东、西、南、北四个方向踏，树就向四个方向倾。第二天，柏树青枝绿叶，也看不出新栽的痕迹。他叫这棵树为"八卦柏"。后来，人们最初看到这棵柏，不管从哪个方向看，它就朝哪个方向歪，辨不清它倾斜的方向，当地百姓叫它"歪柏树"。

"八卦柏"下有八卦图的话，那白龟池真有白龟吗？有。这个奇事的主角是淮阳城东关一个少年，名叫王德成，俗称王大娃。这孩子会钓鱼，他竟跑到淮阳神秘的白龟池钓鱼。故事发生在1984年8月的一个傍晚。那天，这个孩子在白龟池下了"滚龙钩"，到傍晚他去收钩时，没有一条鱼，却有一只白色的龟。他马上抱在怀里，这时，走过来一位老太婆，指着白龟对孩子说，回家要好好养它，要爱护，可不能伤害它。孩子的眼光是让人信任的，老太婆交代完就走了。

这龟周身乳白色，人们用秤一称1斤3两，仔细看看龟体上的生物年轮，这只白龟已有265岁的龟龄了。龟的4只爪上和龟颈上，有龙状纹路。白龟身上各部位，与天干地支、自然五行相吻合。

少年王大娃钓白龟的事在小县城，一传十，十传百，传到县政府组织部副部长耳中，强烈的古文化意识，让他感到这是一件不可忽视的事。他马上通知县文化馆把白龟收回，精心护养着。白龟池中白龟出水，不但轰动了县城，也惊动了生物学界和史学界，一时媒体闻风而至，《人民日报》《光明日报》《河南日报》，还有香港的《大公报》，中央电视台、河南电视台，纷至沓来，竞相报道。

淮阳县文化馆在护养白龟的过程中，对白龟一年四季进食和体重的变化规律细心观察。专家曾鉴定此白龟为雄性，可养了9年时，1993年白龟竟下了1个软皮蛋。又过了2年它又下了10个龟蛋。人们更感到神奇，专家考证解释说，龟在28～30摄氏度以下为雄性，30～32摄氏度以上，又变为雌性。

DI ER ZHANG
REN ZU YE
TAI HAO FU XI

第二章·"人祖爷"太昊伏羲

21

SERIES ON THE HISTORY AND CULTURE OF CENTRAL PLAINS

中原历史文化系列丛书

插图 2-3.1 伏羲画卦台

淮阳万亩城湖东北湖面上，一座土丘突兀，亭栏溢彩，古柏苍翠。这就是伏羲画卦台，有"天下第一台"之称。相传伏羲率部落沿黄河中下游东迁，建都于陈（今河南省淮阳县），见蓍草茂盛，灵龟出没，视为神地，伏羲用蓍草之茎与白龟之甲，在此始创先天八卦，肇启华夏文明，遂名此地为蔡。后人为感念伏羲，在此兴建了规模宏大的伏羲庙，后又称白圭庙，又名白龟庙。此庙始建于汉代，现有伏羲殿三间，蓍草园一圃，伏羲画卦亭一座。

白龟出现古城，人们作了各种推测和诠释。古城人民认为，6000年前白龟现身，它一出水标志了国运昌盛，民族前景辉煌，中华文化灿烂。专家说，几千年来关于太昊伏羲氏蔡水得白龟开池养之，并观察画八卦的传说得以证实。香港《大公报》说得更有趣："这只白龟可能是伏羲所养白龟的子孙，把它放龙湖，与'家人'团聚，对于保护生态，不绝白龟香火，使这个'历史的活档案'代代繁衍都是有意义的。"淮阳人民担心的是，钓白龟出水而养之，会动了它的"仙气"，损伤古城风水。政府很重视民意，决定把白龟放生。1997年，政府专门组织了放生仪式，特把钓白龟出水的少年王大娃请来，让他亲手将白龟放归白龟池中。王大娃手托白龟，走到水边，轻轻地、庄重地把白龟放入水中，白龟一头钻进池水里，水面出现波纹后，池水恢复了平静，人们这才松了一口气。如今的王大娃也长大了，政府还给他安排了就业岗位。这件事在古城成为美谈，令人回味无穷。

"一画开天地"。太昊伏羲氏画八卦图，开辟了中华文化之先河，是中华民族文化史上的伟大创举。千百年来的实践证明，八卦图是融汇了象、数、术、理的宇宙系统工程图，成为研究社会科学、自然科学和人体科学的源头。它是中国古典哲学的基础，中医药理论的依据，中国古代军事理论的渊薮，甚至天文历法、地震预测都能从它那里找到根据。同时，八卦也为世界科学文化的发展做出了贡献。据说，世界上许多科学发明都曾受到过八卦的启示。

插图 2-3.2 画卦台上的八卦柏

画卦台里伏羲八卦亭旁有一棵古柏，人们称为"八卦柏"，当地百姓称"歪柏树"，据考证，此柏已有千年的历史。从四面八方不同角度看，此柏向不同方向倾斜，奇妙无穷。相传伏羲画八卦时泄了天机，害怕天帝知道会把八卦搜出来。于是将八卦埋在画卦台中央，为了便于查找，又从台东南角拔了一棵柏树栽上，作为记号。栽好柏树后，又左一脚右一脚地把土夯实。后来就长成了从不同的角度看，倾斜方向也不同的奇妙的柏树。

伏羲画卦的传说的另一个版本是这样的：伏羲有一个天性，就是想把大自然中的一切现象都弄个明白。一天他到今河南省孟津之东一条河与黄河的相交处，突然听到河水里有嘶吼的怪叫声。接着，河里腾空跃出一匹马，马一身龙鳞，这就是人们所说的"龙马"。《汉书·孔安国传》："龙马者，天地之精，其为形也，马身而龙鳞，故谓之龙马。龙马赤纹绿色，高八尺五寸，类骆有翼，蹈水不没，圣人在位，负图出于孟河之中焉。"

伏羲在朦胧的烟雾里，隐约看到龙马背上有图纹显现。伏羲心中暗想，马身上的龙纹如果有利于世人，这匹马定会走近我，让我看清楚。正在想象时，那匹马一下就窜到岸上，跳到伏羲跟前。伏羲认真地端详，龙马背上确是一幅图。这幅图很神秘，图上有55个点，每个点都有阴阳之数。伏羲看到图忽生灵感，他想以此

"河图"为参照，找出一种符号，来解释天地万物的变化规律和人伦秩序的无常现象。为此，他到了"乾坤湾"。

乾坤湾，位于黄河古道秦晋峡谷上，流淌了160万年的黄河，流经山西省的永和县河会里村、后山里村和陕西省的延川县土岗乡大程村、小程村和伏义河村一带时，形成了一个"S"形的大转弯，天然的神秘造型留下了一个古老的神话。伏羲在这里开始了他的研究工作。伏羲坐于方坛之上，听八风之气，乃作八卦。据唐司马贞《史记·补三皇本纪》描述他作八卦的情景："仰则观象于天，俯则观法于地。旁观鸟兽之文，与地之宜，近取诸身，远取诸物，始画八卦，以通神明之德，以类万物之情。"总结出了自然界的发展规律，画出了"八卦"。

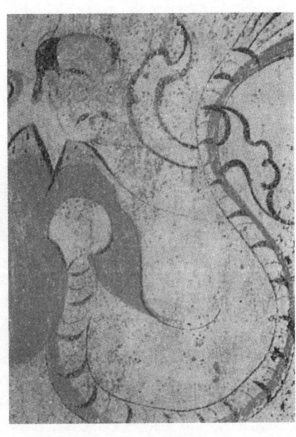

插图2-3.3伏羲画像（汉代壁画）

此画为河南省洛阳西汉卜千秋墓中的壁画。虽线条简洁、色彩单纯，但描画出太昊伏羲"人首蛇身"的神奇形象，十分生动传神。唐代司马贞《史记·补三皇本纪》中是这样描述伏羲始创先天八卦的："仰则观象于天，俯则观法于地。旁观鸟兽之文，与地之宜，近取诸身，远取诸物，始画八卦，以通神明之德，以类万物之情。"司马贞的这段记载，以《帝王世纪》记载为依据，对伏羲的生平、功德和传说内容，进行了高度概括，成为研究伏羲事迹的主要文献。

伏羲所创造的"八卦"仅用八种简单的符号，来概括周而复始、变化无常的自然万物和世间百态。这八个符号两两相配，象征天上地下、日东月西；山镇西北、泽注东南；雷震东北、风起西南，符合天地造化之理。后来周文王对伏羲所画的八卦进行了演绎，到春秋时，孔子也作了演绎，由八卦而演出六十四卦，再由六十四卦，遂成三百八十四爻，形成了博大精深的"周易"哲学。后人为了区分伏羲所创造的八卦与周文王所演绎的八卦，前者叫"先天八卦"，也叫"伏羲八卦"；后者叫"后天八卦"，也叫"文王八卦"。

伏羲所创造的八卦是伏羲文化的精髓，是人类从蒙昧进入文明的重要标志，是中华文明的第一缕曙光。

4. 文明教化

《史纲评要》说，伏羲"有圣德，像日月之明故曰太昊"。太昊伏羲氏又称为"庖牺氏"。"庖"，指厨房；"牺"，指牲口。这个名字很有意思，它寓意了伏羲伟大的发明创造：吃熟食、结网罟、养六畜。

上古时，先祖们吃的是野果生肉，不知道吃熟食的味道。森林和草原自然起火了，伏羲氏在大火灭后，发现有的野兽被烧死了，对任何事物都有好奇之心的伏羲，捡起一块肉闻闻有股香气，放在嘴里嚼嚼，从来没有过的好味道。他悟到，烧熟的食物比生的要好嚼好吃。于是，伏羲就教先民用火烧食物吃。但是，自然起火会自然地灭，很不方便。伏羲又找到了保留火种的方法，大家学会了保留火种，这一伟大的实践标志着人类茹毛饮血的蒙昧时代结束了。

一天，太昊伏羲氏到河边看到河里的鱼，伸手去抓，可鱼很滑，一下就溜走了。他想到族人来捉鱼，往往就会遇到这样的尴尬，收获甚小。怎样才能在河中捉鱼又快又多呢？他想了许多办法，找来石块、树枝等东西做捕鱼工具，但都令他失望。

太昊伏羲氏总是细心观察自然界中的一切变化，捕捉能够利用的信息。有一次，他劳累困倦，躺在大树下休息时，看到树的枝杈间有一只大蜘蛛正在不紧不慢、很有节奏地结网。蜘蛛拉着丝，一圈又一圈，那张网越织越圆，

插图 2-4.1 伏羲火烧食物青石浮雕壁画

传说伏羲有各种本领，他教人结网捕鱼，教人圈养家畜。特别是他发现了火烧的食物好吃，这对人类结束茹毛饮血的生活有重大意义，这是人类文明的一大进步。

网结成了。不一会儿，他又看到有几只虫飞到蜘蛛网上，立即被网粘住，成了蜘蛛的美餐。这无意的发现，让他心中豁然开窍。聪明的伏羲马上想到了百姓也需要用这样的网去捕鱼、捉虾。于是，他找来一些葛藤之类的植物纤维，仿照蜘蛛结网的方法，编织成一张网。他拿着这张网高兴地跑到河边，随即下网捕捞，几条鱼被轻易地捞上来了。他马上把这个方法教给部落的人民。后来，伏羲又把网的作用扩大，根据结网的原理，发明了"罗"，罗可捕鸟。河中捞鱼虾、林中捉飞鸟，部落的先民们吃的食物多了。

网罟没有发明之前，捕到了动物就吃，捕不到就饿着，生活没有一点保障。网罟发明以后，捕获的飞禽走兽出现了剩余，于是太昊伏羲氏就教大家把吃不完的动物饲养起来，这就是我国畜牧业的发端。太昊伏羲氏制作网罟渔猎，许多史书都有记载。《尸子·君治》载："伏羲氏之世，天下多兽，故教民以猎。"《易传·系辞下》载："庖牺氏之王天下也……作结绳而网罟，以佃以渔、盖取诸离。"《史记》《三皇本纪》《世本》《史纲评要》等史籍中均有记载。伏羲氏发明了结网之后，人们渔猎的数量大大增加，有了剩余的物质，生活习惯在改变着，走出了食不果腹的状态，而迈向一个新阶段。"养六畜，以充庖厨"，伏羲氏教人圈养、驯养猎物，开辟了原始养殖业的新时代。

太昊伏羲氏之前，人是无名无姓的，过的是群居生活，人伦不分。随着社会的进步、分工的出现，这种状态已与现实生活极不协调。于是，太昊伏羲氏根据各个部落和氏族的不同特点和爱好，给人们确定代号，这就是"姓"。太昊伏羲氏定的姓多与自然现象有关。他认为风有很大的威力，飞沙走石是风的作用，风还能送来雨雪。

因此，他把自己的姓选定为"风"。中华民族的第一姓诞生了。自此之后，那时的先民们或以动物为姓，或以植物为姓，或以居所为姓，或以国为姓，或以官职为姓，如此等等，姓氏就逐步发展起来。史料记载，出自伏羲风姓的有：韦氏、庖氏、伏氏、宓氏、东方氏、典氏、皇氏等二十多个姓，伏羲是万姓之根。

有了姓氏，就解决了人类的许多问题，首先是婚姻制度。太昊伏羲氏发现部落里出生的有些婴儿奇形怪状，而且，怪胎越来越多，引起了他的特别重视。他一个个地检查，一遍遍地思考，终于找到了原因。原来，在自己的部落里，人们的婚姻处在一种"知其母，不知其父，知其爱，不知其礼"的群婚和乱婚状态，是这种血缘乱婚造成了恶果。于是，伏羲制定了"嫁娶"制度：规定同姓不通婚，同部落不通婚，禁止群婚，实行"对偶婚"，并把这种"婚姻制度"固定下来。之所以同姓不能通婚，是因为那时母系出姓，即一个母亲生的一个姓，一个姓是一个血统。氏是父系社会的产物，男子称氏，贵者有氏，贱者有名无氏。进入父系社会以后男子在社会中处于主导地位，姓氏又颠倒了过来。人们只知其母不知其父的蒙昧状态发生了革命性的变化。太昊伏羲氏制定的"嫁娶制度"，规定了人伦关系，促进了人类的文明和进步，太昊伏羲氏确立的"嫁娶制度"是我国第一部"婚姻法"。

插图 2-4.2 伏羲养牺牲

"鸟兽鱼兮，入我圈兮。星河东兮，衣食足兮。"伏羲观蜘蛛网捕捉飞虫，受到启发，于是教民利用草绳织网捕获动物。这样，不但解决了百姓的生活所需，而且，捕获的动物有了剩余。伏羲又教大家把吃不完的动物饲养起来，以备食物不足时所用。这是我国畜牧业的发端，伏羲是畜牧业的鼻祖。于是，伏羲部族的人无论春夏秋冬，都可以衣食无忧。牺牲是指供祭祀用的纯色全体牲畜。色纯为"牺"，体全为"牲"。此幅图中可以看到处于中心画面的伏羲，正手拿草物喂羊，其身后的牛也在待食。远处的人们正在围栏准备圈养。这幅画充溢着浓厚的生活气息。

太昊伏羲氏就是一个永不停息的发明家，时时处处观察着、思索着、创造着。《尚书·序》中记载："古者伏羲之王天下也，始画八卦，以代结绳之政，由是文籍生焉。""命朱襄为飞龙氏，造书契。书制有六：一曰象形，二曰假借，三曰指事，四曰会意，五曰转注，六曰谐声。使天下义理必归文字，文字必归六书，以同文而代结绳之政。"也就是说伏羲氏之前，人们遇到什么事，都靠把绳子打结来记载，大事结个大结，小事结个小结，时间一长，无法分清每个结所记载的事。伏羲画了八卦后，仅那八种符号仍然不够，于是就根据事物的形状，像日、月、山、水等创立了文字。传说，这就是中国文字的起源。

太昊伏羲氏之前人们对自然界的认识一片空白，没有天地四时的概念。伏羲一画开天，指出了什么是天，什么是地，什么是白天，什么是黑夜，白天为阳，黑夜为阴，春夏秋冬周而复始，并根据日月的变化，分出年月日，这就是中国历法的肇始。

历法的出现给人们的生产和生活带来了极大帮助，推动了社会的进步。

由于畜牧业的出现，人们的物质生活水平得到了极大的提高，在一定程度上不再为温饱而担忧，便开始追求精神生活。在那个刚刚脱离蒙昧状态的社会里，靠什么来满足精神需求呢？经过一段时间的思考，太昊伏羲氏用黄土抟成梨子那样大的泥团，用木棍扎上孔，可以吹出呜呜的响声，供大家取乐，这就是埙。埙是中国最原始的乐器。太昊伏羲氏是远古时最早提倡精神文明的人。

部落内部的先民们生活安定了，但部落与部落之间，时常会发生矛盾和冲突。为了能战胜对手，便想办法制造打斗的器具。而且，先民们打猎与凶禽猛兽搏斗也需要更尖锐的搏斗工具。为此，太昊伏羲氏又想办法制造狩猎的工具，他把石斧、石镰、石铲等绑上木棍，加强了这种器具的攻击力和防御能力，兵器产生了。兵器的发明，为太昊伏羲氏征服各部落，促进中华民族第一次大融合起到了重要作用。

太昊伏羲氏实现了民族大统一后，以龙为图腾，以龙记官，分理海内。他命朱襄为飞龙氏，造书契；昊英为潜龙氏，造甲历；大庭为居龙氏，造屋庐；混沌为降龙氏，驱民害；阴康为土龙氏，治田果；栗陆为水龙氏，疏导泉流。以春官为青龙氏，夏官为赤龙氏，秋官为白龙氏，冬官为黑龙氏，中官为黄龙氏，如此等等。龙成了中华民族的象征，华夏子孙被称为龙的传人，伏羲被称为"龙师人皇"，淮阳被称为"龙都"。龙的精神是鼓舞中华民族自强不息的动力，是增强民族团结的灵魂。

《帝王世纪》记载太昊伏羲氏"造书契，以代结绳之政。于是始制嫁娶，以俪皮为礼。结网罟，以教佃渔，……养牺牲，以充庖厨，故曰庖牺。有龙瑞，以龙记官，号曰龙师，作三十五弦之琴"。伏羲一系列的发明创造涉及人类生活的各个方面，犹如一盏盏明灯照亮了中华几千年的历史，又如火把点燃了中华文明的薪火。

太昊伏羲氏带领他的部落在发明创造中不断发展，文明程度极大提高。他发明创造的成果不仅为自己的部落所用，也推广到其他部落，促进其他部落生活改善、生产发展和文明进步。太昊伏羲氏部落以自己的实力，其威望在各部落中不断提高，逐渐形成了归服于太昊伏羲氏部落的大趋势。

《史纲评要》说太昊伏羲氏"以木德继天而王"。八卦中"木"指东方，太昊伏羲氏为东夷部落首领，太昊伏羲氏以东方圣德而称王，以圣德而统一天下，这是中华民族的第一次大融合。

太昊伏羲氏的文明启蒙和教化之光，昭彰千秋，人们称他为智慧之灵、教化之圣、人文之祖、百王之先。

5. 太昊陵

太昊陵，位于河南省周口市淮阳县县城以北 1.5 公里处的蔡河边，是"人祖"太昊伏羲氏长眠的陵寝。这座古建筑群包括太昊伏羲氏陵墓和祭祀的陵庙，是中国著名的三大陵之一。三大陵是指河南省的太昊陵，陕西省的黄帝陵，浙江省的大禹陵。太昊陵庙前是千古蔡河，蔡河往南数十米是千年龙湖。太昊伏羲在淮阳画八卦、建都城，死后又长眠于淮阳，把这个古县城"龙都"的地位推向至尊。太昊陵原占地面积875亩，是一座气势磅礴、规模雄伟、肃穆庄严、殿图豪华的古代宫殿式建筑群。历来被称为"天下第一皇朝祖圣地"。因为太昊伏羲氏位居"三皇"之首，故太昊陵被誉为"天下第一陵"。这座始建于春秋，增制于盛唐，完善于明清的陵园，经历了3000年的沧桑岁月，历代帝王到此御祭达52次。

太昊陵，也称太昊伏羲陵。民间叫"人祖庙""人祖陵"。

据《陈州府志》记载，太昊陵在春秋时已有。民间有一传说：春秋时期，黄河曾决口，汹涌的黄河水冲到陈州（今河南省周口市淮阳县），有人发现在湍急的漩涡里有一个人头骨，时沉时浮，金光闪耀。这架头骨随水漂流到了蔡河时，即沉到水中。头骨看不到了，可狂风来了刮得天昏地暗。大风刮了一夜，第二天，人们看到河里的大水全退了。一场风波似乎平静了。

有一年，蔡景公在疏浚蔡河时，挖出了一颗人头骨，也是金光闪闪，头上长个角。经辨认是爆发洪水时上游漂来的那颗人头骨。这是什么人的头骨？此时恰逢知识渊博的孔子在陈国讲学。于是，人们请孔子对人头骨作考证。孔子认真看了一番，确定地说，这是"人祖父"太昊伏羲氏的头骨。大家一听，十分吃惊，不约而同地齐刷刷跪下，向头骨叩头行礼。

为了表达对太昊伏羲氏的尊崇和敬仰，在蔡河之阳修建了一座"人祖爷"陵墓。自此，这座陵前香火不绝。

历史有记载，孔子周游列国时来到陈国（今河南省周口市淮阳县），陈国的第十九任国君陈灵公，曾陪他拜谒伏羲陵墓，并在陵前建"伏羲祠"一座。

传说，王莽末年，西汉刘家王朝的后裔刘秀，不忘复辟大汉王朝，为此，他举兵讨伐王莽。但初起兵时，刘秀羽翼未丰，实力不敌王莽，失败而退。王莽紧追不放，一路杀来。刘秀东躲西藏，孤身一人逃到淮阳。刘秀到淮阳城北的"人祖爷"庙里藏起来，躲过了王莽的追兵，"人祖爷"救了他一命。

后来，刘秀重整旗鼓，东山再起，一举推翻了王莽政权，重建汉朝，史称东汉。刘秀当上了皇帝，不忘"人祖爷"的救命之恩，就扩建了"伏羲祠"。

插图2-5.1 伏羲刻书契"结绳记事"

"我心乱兮。二爻象之，书画代之。"伏羲氏之前，人们遇到什么事，都靠绳子打结记载，大事结个大结，小事结个小结，时间一长，再也分不清哪个结记了什么事。于是伏羲根据自然现象，画出简单的图案，以图来代结。这样，所记之事不但易辨易记，而且数量清楚。"书契"指文字。这幅图中所出现的日、月、山、水、云、火等图案，就是中国文字的源头。

三国时期，魏国曹植曾被封为陈思王，他拜谒太昊伏羲祠后作《伏羲赞》。他写道："木德风姓，八卦创焉。龙瑞名官，法地象天。庖厨祭祀，网罟渔畋。瑟以象时，神德通玄。"极力颂扬伏羲之功绩。

秦汉以来，官方祭祀达 50 多次。唐太宗李世民于贞观四年（公元 630 年），颁诏设置守陵户"禁民刍牧"，加以保护。五代周世宗显德元年（公元 954 年），禁民樵采耕犁。宋太祖赵匡胤于建隆元年（公元 960 年），亲自颁发"睢陵奉祀诏"，大兴土木，扩建陵庙，置守陵户，诏示三年一祭，规定每年仲春二月，造祭器，"以太牢祭祀"，开始了规模较大的公祭活动。

乾德四年（公元 966 年），诏立陵庙，置守陵户五，春秋祀以太牢，御书祝版。开宝四年（公元 971 年），又增守陵户二，以朱襄、昊英配祀。而朱元璋开了御祭人祖伏羲的先河。

明洪武四年（公元 1371 年）初，明太祖朱元璋平定了山东之后，即派大将徐达收取徐州。同年五月，朱元璋从南京赶往汴梁开封会见他的各位将领，商讨战略部署，途经陈州，停留的时间虽短，但他还是到太昊伏羲陵亲临致祭"人祖爷"，亲自撰写祝文，这是至此为止参加太昊伏羲陵祭典的权位最高的人。后来，淮阳人民在蔡河之滨朱元璋曾停留的地方，建了一座"驻跸亭"以示纪念。有《重过驻跸亭》诗："高皇尊寰宇，六合为一家。东巡过陈项，驻此曾宣麻。至今宛丘人，犹能思翠华。亭荒但鸥鹭，树老啼错鸦。龙光终不泯，长照湖阴沙。"

自明太祖朱元璋拜谒太昊伏羲陵之后，淮阳古城有了不少关于朱元璋在淮阳的传说。相传，朱元璋被元兵追杀时，他跑到陈州，身患重病，已不能再跑。可追兵将到，眼看就要被捉，危急时刻，人祖庙里突然跑出一位法师，朱元璋随法师跑回庙里，藏在了太昊伏羲神像后面，把追兵骗走。朱元璋在人祖庙里，受到法师的精心治疗和照顾，治好了朱元璋的病。临离开时，朱元璋表示，将来我若得位称帝，一定重修人祖庙宇，其规格建制依如我皇宫，为"人祖爷"再塑金身。朱元璋得天下坐上皇帝宝座之后，忘了那段往事。朱元璋称帝过去了三年，仍不提在淮阳的许愿，这时，他又得了病，和当年在陈州得的病一样，御医束手无策。这时，军师想起了朱元璋陈州病愈后的许诺，就提醒朱元璋还愿的事，朱元璋才恍然大悟，即派开国元勋徐达到陈州监工，按帝王规制修建，与明代皇宫相仿。建好后的庙宇方圆 875 亩。祭祀的礼仪以官祭为准，并加封"黑红棍"，用此棍罚那些对祭祀不恭者。

朱元璋开御祭之风后，明代各帝都派级别高的官员到人祖庙祭祀，以遵祖训。黄河历史上多次改道，明代以前的建筑，被洪水吞没殆尽。明英宗正统十三年（公

28

插图 2-5.2 伏羲女娲交合图（绢画）

伏羲手中持"矩"，可用来画方形，以行方正之道；女娲手中拿"规"，用来画圆形，以行"圆融之道"。伏羲与女娲体交自然、神圣，表情是庄严、空灵，所处的空间博大、永恒，日月闪耀，星汉灿灿。该画写意与写实相结合，实中有意，意中有实。二神螺旋式的纠缠，有交尾之意，象征阴阳结合，化育人类；"矩"与"规"，意味着他们是确立天地方圆的造物主。这件神秘的绢画，出土于新疆高昌古城郊的阿斯塔那古墓地。阿斯塔那，回鹘语是"首都"的意思。

元 1448 年），在一片废墟上重建陵园，后经明宪宗、明神宗多次大规模重修扩建，至清乾隆时，又发帑银八千两，大力修葺，清代康熙和乾隆遣官祭祀达 20 次。

太昊陵依帝王规制和太昊伏羲先天八卦哲理兴建，陵园内的建筑群由中轴线贯穿，各具格局，是"伏羲文化"的集中体现。整个古建筑群的中轴线上依次有午朝门、道仪门、先天门、太极门、统天殿、显仁殿、太始门、八卦坛、太昊伏羲陵墓、蓍草园等古建筑，以统天殿为中心，其他建筑的命名都含着先天的八卦意义。"统天殿"的命名取自《易·象》中："大哉乾元，万物资始，乃统天。"统天殿气势磅礴，殿宇巍峨，丹壁辉煌，显示着帝王之尊，也体现着龙根之地的威仪。统天殿里供奉的是金身太昊伏羲，他头生双角，身披树叶，腰缠兽皮，跣足袒腹，手托先天八卦太极图。慈眉善目，显示着至高的聪颖智慧。

从太昊伏羲陵的第一道大门顺中轴线向北望去，"十门相照"，**最后一道**就是高大的太昊**伏羲陵。**

太昊伏羲陵墓，是一座雄浑巨冢。据史书记载，春秋孔子来此拜谒陵墓时，陵墓不过是个小土冢，没有今天这样高大。不知何年何月起，民间广泛流传着一个说法，带**上家乡**的土添加在"人祖爷"伏**羲氏的陵**墓上，能生儿育女，子孙满堂，还能消灾免祸，保佑平安。于是，前来朝拜的香客都要带一小布袋家乡的黄土，到了陵前倒在墓冢上，也把自己的心愿与祈祷，一同给了"人祖爷"；同时把"人祖爷"所赐的福禄装在心里，带回家里。久而久之，香客们拜祭求愿越来越多，太昊陵寝越来越高。如今的太昊伏羲陵已有 20 多米高，周围长 150 多米。上部呈圆形，下部是方座，寓意"天圆地方"。

陵墓区有一尊颇为神秘的青石碑，高 5 米，宽 1 米，碑上镌刻着"太昊伏羲氏之墓"七个大字，既无题跋，又无年款。现碑文的前三字依稀可辨，其余的字年久日长，风雨剥蚀，已模糊不清，这更增添了一层古朴与神秘的色彩。关于碑文的书写，有一个美丽动人的传说。

相传宋神宗年间重修太昊陵庙时，要在陵墓前立碑，以壮观瞻。书写碑文的人选，几经物色，最终落在了大文豪苏轼身上。皇帝派人送去纸墨字条时，适逢苏轼外出，家中只有他的妹妹苏小妹。苏小妹是个聪慧善谑的才女。她偕丫鬟来到苏轼书房，见此情景，一时兴起，拿起自己的汗巾，以巾代笔，饱蘸墨水，一气呵成，写下"太昊伏羲氏之墓"苍劲有力的七个大字。苏轼归来，看到小妹字体，十分高兴，评价她写得苍老遒劲。但苏轼发现小妹把"墓"字写成了"莫"字。心中不解，问其缘故。

插图 2-5.3 太昊伏羲陵墓

太昊伏羲的陵墓高 20 多米，周长 150 多米；上呈圆形、下有方座，象征"天圆地方"。陵前有宋代青石碑一座，宽 3 尺，高 15 尺，上镌"太昊伏羲氏之墓"，据传此碑为苏小妹用巾代笔写成。

苏小妹狡黠笑答："大地上本有土呅！"从此，一通汗巾书青石之碑，就立于伏羲陵墓前了。传说归传说，不过这块石碑却实实在在是明代以前的遗物。

在太昊伏羲的陵墓后面有座"蓍草园"。相传蓍草是太昊伏羲画八卦的"笔"。

有资料记载，蓍草属菊科，多年生草本植物。茎高一米左右，羽状叶脉，夏天会绽放出白色或粉红色小花，深秋而枯，逢春又发。草可药用，并含芳香油，故亦可作调香原料，观赏价值颇高。传说，当年伏羲氏"中观万物"，精心挑选，采下蓍草，画出八卦，预测未知，称之为"揲蓍画卦"。神秘的传说给蓍草染上一层神秘色彩，于是这里的蓍草身价百倍。据《博物志》上记载："蓍千岁而三百茎，故知吉凶。"传说蓍草能预测吉凶祸福。据说全国能生长蓍草的地方除淮阳太昊陵园外，还有山东曲阜的孔庙、山西纪念周武王次子叔虞的晋祠。人们把伏羲陵墓誉为"圣神之域"，把蓍草视为"灵物"。宋代以来，历代皇帝每年春秋二季总派大臣前来祭拜人祖伏羲，并且返京时必带蓍草一束，以求吉祥。

6. 太昊陵庙会

相传，每年的农历二月十五日是人祖伏羲的生日，而祭祀的活动自农历二月二就开始了。太昊陵庙会的第一天，整座古城如春潮涌动，善男信女有从四面八方赶来的，有旅居海外的华人。无数支拜祖上香的队伍打着红、黄、绿各色龙旗，怀抱香裱，高举着用红绫绸"十字"披红的12岁童子，肩扛旗杆，双手举着楼子，如一江春水，流向太昊伏羲陵。更有虔诚的香客一步一叩首，一直跪拜到人祖陵前。伏**羲陵前不断的香烛纸炮，迷漫缭绕的烟雾，**一直持续到农历三月三。

中国传统的庙会一般是3～5天的时间，而太昊陵庙会从农历二月二到三月三，整整一个月，会期之长，人数之多，涉域之广，拜谒之虔诚，民俗之丰富，实为罕见。

太昊陵庙会起始二月，可追溯到远古时代。《礼记·月令篇》说："仲春之月以太牢祀于高媒。"这里所说的"高媒"，是指伏羲。传说，上古时是"群婚"，到伏羲时，实行了"对偶婚"。对偶婚中的第一对夫妻，就是伏羲氏、女娲氏，所以古人把既是兄妹又是夫妻的伏羲和女娲，奉为"神媒"。这对兄妹相婚的夫妻如何生育子女？就是被神化了的"抟土造人"，繁衍人类。

插图 2-6.1 子孙窑

"子孙窑"在显仁殿东北角青石台基上，有一个青石圆孔，游人香客，尤其是女性，到此都要用手摸一摸，认为既可多子多孙，又能使子孙健康。

神话中讲述，伏羲和女娲为了繁衍人类，用泥捏人。他们捏的泥人放在日光下晒干即成活。当他们晒捏好泥人时，暴风雨突然来了，他们来不及用手收，急乱之中，抓起扫帚就扫起来，把那些小泥人扫得连滚带爬，结果弄得许多泥人缺胳膊少腿的，于是人类中就有了残疾人。伏羲和女娲把人造出来了，如何使人类代代繁衍呢？聪明的伏羲就组织各部落的人一起聚会，以石为记，石头上有一圆洞，叫"子孙窑"，男女双方摸到"子孙窑"，表示同意为相配，然后以草遮面进行交配，别的男女见双方已有情人，不再相求。伏羲以这种"会"的形式，组织各部落男女相会成婚，不但定下了人类成婚繁衍后代的方法，"会"的形式也流传下来了。今天的太昊伏羲陵园里显仁殿东北角，一人多高处有一石洞，就是"子孙窑"，进香的人都争相去摸摸子孙窑，以求子得福。在太昊陵庙会上，有一种著名的民俗——卖泥泥狗，其中有一类"草帽老虎"的泥泥狗，便是当时以草遮面男女交配的象征。伏羲在此基础上，进而制定了婚嫁之礼。规定男女经媒人说合，男送女两张兽皮作聘礼后才可结婚，改变了群婚，从此家庭出现了。

春秋时，孔子游说列国，由卫至陈，陈侯起陵阳之台迎孔子。孔子到陈（今河南省周口市淮阳市），对原始时期男女相配的"会"，又进一步做了改革，使二月"会"变成祭奉人祖进香的活动，摸"子孙窑"也成了人们祈祷生儿育女的愿望。陈州的二月太昊伏羲陵"会"得以延续，求神拜祖之风越来越大，香火越来越盛，规模越来越大，人数越来越多。

过去，从四面八方到太昊陵庙会上进香的大多是由"朝祖会"或"进香会"组织的。"会"一般有 30～50 个会友公推出一位"会首"作为总负责人。会友每人交一斗小麦作为"会"内的开支来源，交来的所有小麦卖掉放贷，次年庙会期间，本利收回，作为费用。"朝祖会"或"进香会"赶太昊陵庙会时，一进陵园大门，就热烈地敲起铜锣，有的还吹起唢呐。一路吹吹打打直到太昊陵前，点香焚纸，磕头跪拜，然后抑扬顿挫地唱起"祝歌"。那时，各组织前来进香的香客提前来到陵园，一直等到人祖伏羲的生日农历二月十五那天。陵园周围方圆十多里住满了香客，盘火做饭，连井水都取干，非常壮观。二月十五那天庙会达到高潮，不但香火最盛，一时间高跷会、狮子会、龙灯会、旱船会、大戏、马戏团、说书场等各种文化活动都纷纷登场，男女老幼，摩肩接踵。据民国二十三年（公元 1934 年）调查记载：这年赶二月庙会的人数达 200 万人次以上，参加大会的各种商业摊铺共 52 项，1476 家；义务游艺 40 班。

现今的太昊陵庙会，规模更加宏大，朝圣者已遍及全国各地，西至京汉路，东至皖西，北至鲁西南，南至湖广。庙会期间，每天人流量达 20 多万人，高潮时达 40 多万人。由于会期长达一个月，人潮涌动，人们在朝祖进香的同时，利用各种形式进行物资、文化交流。不少国际学者、友人也都在此期间来太昊陵寻古探幽，研究古老的华夏文明，港、澳、台同胞以及侨居国外的华夏子孙，每年都组团来太昊陵寻根问祖，并以到伏羲陵前谒祖朝拜为荣，以示不忘自己是龙的传人。

泥塑民间艺术品"泥泥狗"，是庙会期间出售的泥玩具总称，它是用一种叫"胶泥"的黏土捏制而成，表现的题材十分广泛，天上的飞禽、地上的走兽无所不有，

32

插图 2-6.2 淮阳泥捏玩具"泥泥狗"

淮阳泥泥狗又叫"陵狗"或"灵狗"，是伏羲、女娲以及远古生灵群像高度概括变形的祭祀物，是原始图腾文化下出现的独特民间艺术。6500多年前，淮阳就有大量捏制泥泥狗的习俗。它底色为黑，身着五彩纹饰，五色代表"五行"；纹饰蕴含八卦符号。它造型天上飞禽，地上走兽无所不有，虚幻神秘。面对这些超自然的怪异形体，看着那些令人费解的点线符号，仿佛让人回到混沌初开、风雷闪电、猛兽出没、人兽共存的旷古时代。物我两忘，不知何者为我，何者为物。泥泥狗被称为"真图腾""活化石"，为淮阳太昊陵所独有，故誉为"天下第一狗"。

造型虚幻、神秘。林林总总的怪异形体中有九头鸟、人头狗、人面鱼、猴头燕、蟾蜍、蜥蜴、豆虫、蝎子等等，还有各种抽象、变形的多种怪兽复合体，共 200 余种。泥塑底色为黑，再用大红、黄、白、绿、桃红等五色，色彩对比强烈，点画出由圆弧曲线、直线和点组成的各种图案，线条稚拙而生动，色彩绚丽又不失沉稳，有楚漆器文化的格调，又像绳纹、方格纹、古陶器的画法。泥塑造型古朴浑厚，形状奇特怪异，似拙实巧，墨底彩绘，艳而不俗。每一种形象充满着虚幻的超脱神秘感，散发出浓烈的乡土气息，传递出原始图腾文化的信息。泥泥狗有孔可吹，声音悠远明亮，是斋公、香客们避灾、求福，争相购买的"神圣之物"。

远古时代，图腾标志是保护氏族的圣物。伏羲统一天下后，以龙为图腾，但仍然保留了各个氏族部落原有的图腾信仰，各氏族就把自己的图腾圣物捏泥成型，放在太昊陵里供奉，这就是泥泥狗的由来。自有太昊陵，就有泥泥狗。泥泥狗不仅是图腾崇拜的标志，更是远古女娲抟土造人遗风的延续。

在太昊陵庙会上，还有一种奇特的祭祖形式叫"担经挑"，又名"担花篮"，是一种原始的祭祖愉神的舞蹈。庙会期间，每天都可以看到来太昊陵进香祭祖悦神求福的"经挑班子"在太昊陵前载歌载舞。经挑舞每班四人，三人担花篮，一人打竹板，以数唱形式伴舞，三副经挑，六种花篮，边舞边唱。舞者皆穿黑衣，黑大腰裤，扎裹腿，黑绣花鞋，头上裹长近 1 米的黑纱包头，包头的下边缘留有长 6 厘米的穗子。舞者大多是老年妇女，但表演者身段灵活，舞步轻盈。特别是舞者头上的黑纱相互绞缠，却又自然分解。这种祭拜形式与古陈国巫舞有关。据传，伏羲、女娲都是人首蛇身（龙身），伏羲是大龙，女娲是小龙，自上神让他们兄妹结婚，他们就以草扇遮面结为夫妻，抟土造人。在汉代的画像石和画像砖中，有不少伏羲、女娲的交尾图，画像中二人下身两条尾巴紧密地缠绕在一起。图上还往往题有"伏羲"字样。担花篮中有一个动作是二人背靠背，使背后下垂的黑纱相互缠绕交合，象征伏羲、女娲交尾状，这与东汉画像石中二人的交尾很相似。所以，担经挑这种原始巫舞之所以千年不衰，也是人祖的功德所系，是龙的传人不忘祖根的美德所系。

在太昊陵庙会上，还有众多的民俗形式，如拴娃娃、抢旗杆、送楼子、摸子孙窑、花棒锤，以及信灵还俗、交尾泥泥狗等，这些都表现了远古时代人们对生命起源的生殖崇拜。

淮阳太昊陵庙会众多的民情风俗，反映了原始社会最本质、最自然的对延续生命的生殖崇拜，以及人们对生命的渴望。

插图 2-6.3 奇树"柏抱檀"

伏羲陵墓西侧，柏树树杈中间长着一棵檀树，形成了奇异的"柏抱檀"现象。有人说，质地坚硬的柏树中间能成活一棵檀树，可能是风吹过来的树种，也可能是小鸟吃过檀树籽，在上面拉下未消化的粪便，但这都无从考证，至今仍是个谜。

第三章

「人祖奶」女娲

中原文化

问祖

第三章

———

「人祖奶奶」女娲

一 造人

二 补天

三 娲城

四 制乐

SERIES ON THE HISTORY AND CULTURE OF CENTRAL PLAINS

中原历史文化系列丛书

"人祖奶"女娲

1. 造 人

"伏羲女娲交合图"是一幅神秘的图画，伏羲搂着女娲的脖颈，女娲搂着伏羲的腰，双目对视脉脉含情。他们的姿势则更加紧密，不仅尾部相交，连身体也几乎融合在了一起。女娲手持圆规，伏羲手持直尺，这是女娲和伏羲创立规矩的象征。

女娲，中国神话传说中远古时代的神，是中华民族的共同人文始祖。《楚辞·天问》《礼记》《史记》《山海经·大荒西经》《淮南子·览冥训》《嘉庆涉县志》等众多史料中，都有关于女娲神话传说的记载。女娲的形象是人首蛇身，她是伏羲的妹妹，风姓。在淮阳太昊陵园内，有女娲的神位。在太昊陵的中心建筑统天殿之北 10 丈处，即是陵园的主体建筑之一显仁殿，那里供奉的就是女娲神像。伏羲和女娲的神位，一前一后，相呼相应。

伏羲是"人之父"，女娲成了"人之母"。淮阳民间则称伏羲为"人祖爷"，称女娲为"人祖奶"。

而在一些史料和传说的多种版本中，"人祖奶"女娲成了造人的主角。

传说，天地上下分离形成太虚之境，阴阳二气造出日月星辰、山川草木万物，而残留在天地间的浊气，慢慢化作虫鱼鸟兽，于是原本死寂的世界，增添了许多生气。

一天，女神女娲走在这充满生机的莽莽原野上放眼四望，山岭起伏，江河奔流，丛林茂密，草木争翠，天上百鸟飞鸣，地上群兽奔驰，水中鱼儿嬉戏，草中百虫跳跃，这个世界那么美丽，到处生气勃勃。但是，女神女娲的感觉却有点异样，她总觉得有一种说不出的寂寞，越看越感到孤寂。她想表达内心的烦闷感受，然而与山川草木诉说，它们不懂；对虫鱼鸟兽倾吐，它们不解。她来到一个池塘边，无意之间看到倒映在水中的自己，风一吹，自己的影子微微晃动起来。她的心头一亮，好似明白了什么——自己感到孤寂，原来是这个世界上缺少像她一样的生灵。

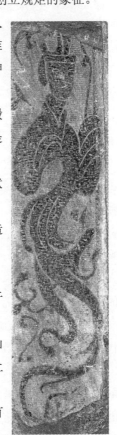

插图 3-1.1 女娲（东汉汉画像石）

画像石中，女娲人面蛇身的造型，原始气息浓郁。原始社会，女性社会地位主要来自于生育能力，蛇是卵生动物，生育力特别强，女娲的蛇身就有了这方面的联想和寄托。所谓汉画像石，是汉代地下墓室、墓地祠堂、墓阙和庙阙等建筑上雕刻画像的建筑构石。所属建筑，绝大多数为丧葬礼制性建筑，汉画像石是一种祭祀性丧葬艺术。汉画像石所描绘的扑朔迷离的宇宙世界，莽莽苍苍，横无际涯，其艺术魅力深沉雄大，荡人心魄。多用阴线刻、凹面雕、凸平面雕、浮雕和透雕等艺术手法雕刻。在中国美术史上占有承前启后的重要地位。

于是，她马上在池水边挖了些泥土，洒上水，糅成泥，看着自己在水里的影子，捏了起来。捏好身体，捏出双手双脚，再捏出脸上的五官七窍。按照自己的模样全部捏好后，往地上一放，就活了起来。女神看到这活蹦乱跳、有说有笑的小生灵，满心欢喜。她接着又捏了许多，并给他们起名叫"人"。

女娲那寂寞的心变得鲜活起来。她按捺不住激动，想把世界变得更加热闹，要让自己亲手造出来的人，充满这个世界。因此她不停地捏泥人，捏了一个又一个，一天又一天地捏。但是世界太大了，她捏得再多，那广阔的大地上，人还是那么稀少。她捏得十分劳累，十分辛苦，双手捏得麻木了，心里也更加着急。情急之中，她折下一条藤蔓，沾上泥浆，向地上甩起来，那点点泥浆刹那间都变成了小人。女娲就这样挥洒着，人，不断地诞生着，大地上到处有了人的活动。

女娲再也不孤寂了，走到哪里，都有人和她说话。她到处走，去看自己用泥造的人，心中自然有说不出的高兴。一天，她走到一处，感觉有点人烟稀少。突然看到地上平躺着一个人，俯身仔细察看，那人头发雪白，一动不动，她用手摸摸，也不见动静。

原来这是她最早造出来的人，已经衰老停止了呼吸。女娲心中着急，自己辛辛苦苦造出来的泥人，像这样不断地衰老死去，自己造的人就会越来越少，若要让大地总是有人，自己还要辛辛苦苦地用泥做下去，怎样才能改变这种造人的方法呢？她思考着，认真观察着世界万物，勤于创造的女娲终于发现，大地上的万物传宗接代靠的是阴阳交配。万物可以这样，人也一定能做到。大智大慧的女神就参照其他物种交配受孕的方法，把人分成"男"和"女"，让男女相配，繁衍接代。这办法果然奏效，但她又发现了问题。远古时代，男女之间可以"自由恋爱"，但是自由到了"人尽可夫，人尽可妻"的无序状态，她决定改变这一现状。《风俗通义》载，女娲规定一男一女可结成固定的交合对象，这就是"夫妻"，以此繁衍后代。有了"固定"的婚姻制度，就有了紧密结合的家庭关系，相互依赖的宗族体系和互相合作的社会结构，随着社会的发展，逐渐成为民族团结和国家生存的胶合剂。女娲氏为人类文明的进步做了一件大善事。后世人把女娲奉为"神媒"。

《太平御览》卷七八引《风俗通义》中有女娲造人的故事。《风俗通义》又叫《风

插图 3-1.2 女娲炼石图（清代任伯年绘）

女娲盘坐石前，面容娟秀，衣裙下露出了蛇尾，"人面蛇身"的女娲，是中华民族心目中的形象。图中五彩石在女娲面前火焰奔窜，她在炼补天之石。画家把女娲的衣纹画得重重叠叠，自然流韵。她的长裙重叠得也如巨石，她的身姿犹如五彩石。显然，画家用他的画笔形象地说明，女娲炼五彩石不如说她在炼自身，为人类补天。画家歌颂了女娲伟大的献身精神。任伯年，清末画家，肖像、人物、花鸟、山水无不擅长，其画笔墨应用丰富多彩，疏密有致，虚实有度，浓淡相生，清新流畅。

俗通》，为东汉泰山太守应劭著。书中记录了大量的神话异闻，作者加上了自己的评议，成为研究古代风俗和鬼神崇拜的重要文献。作者这样描述女娲造人："俗说天地开辟，未有人民。女娲抟黄土为人。剧务，力不暇给，乃引绳绠于泥中，举以为人。故富贵者黄土人也，贫贱凡庸者绠人也。"就是说，天地开辟之初，大地上并没有人类，女娲就抟捏黄土造人。抟土捏人是非常劳累的活，她终日又忙又累，竭尽全力，还是赶不上供应。于是，她就拿起一根绳子，放到泥浆中，然后举起绳子一甩，泥浆洒落在地上，就变成了一个个活人。后来御用文人竟然编造出美化封建统治者的论调，说什么富贵的人，是女娲亲手捏的；贫贱的人，就是女娲甩绳子洒落在地上的泥浆变成的。

《太平御览》是宋代一部著名的类书，书中是这样记载女娲造人的：女娲在造人之前，于正月初一创造出鸡，初二创造狗，初三创造猪，初四创造羊，初五创造牛，初六创造马，初七这一天，女娲用黄土和水，仿照自己的样子造出了一个个小泥人。她造了一批又一批，觉得太慢，于是用一根藤条沾满泥浆挥舞起来，一点一点的泥浆洒在地上，都变成了人。为了让人类永远生存繁衍下去，她创造了嫁娶之礼，自己充当媒人，让人们懂得繁衍人类的方法。

女娲造人的另一种传说版本是在《独异志》中，此书为唐代李亢撰。书中除记述唐代流传的奇闻轶事外，主要是对唐以前的各种各样的传说做了记载，对保存中国古文献起了作用。《独异志》对女娲造人是这样记载的：女娲与伏羲为兄妹。当宇宙初开时，天地之间只有他们兄妹二人。在昆仑山下，天下未有其他人。他们商议结为夫妻，但又感到羞耻。兄即与妹上昆仑山起誓说，天若同意我兄妹二人为夫妻，请将天上的云都合起来一团；不同意就把云吹散了。天上的云立即合起来，他们俩就结为了夫妻，中华民族都是他们俩的子孙后代。

女娲造人的神话，反映了上古血缘时代的母系社会的特征，母系社会里女性占据主导地位。

2. 补 天

《红楼梦》中有一段对女娲生动的描写："女娲氏炼石补天之时，于大荒山无稽崖炼成高十二丈，见方二十四丈大的顽石三万六千五百零一块。那娲皇只用了三万六千五百块，单单剩下一块未用，弃在青埂峰下。"青埂峰是曹雪芹虚拟的山峰名，而女娲炼五彩石补天，确是中华民族千古不朽的神话。

西汉淮南王刘安及其门客编著了一部综合性论说著作《淮南子》，女娲补天的记录见于《淮南子·天文训》中："昔者共工与颛顼争为帝，怒而触不周之山，天柱折，地维绝。天倾西北，故日月星辰移焉；地不满西南，故水潦尘埃归焉。"在洪荒时代，水神共工和火神祝融为争帝位大闹起来，矛盾激化，发展到大打出手，可共工哪是祝融的对手，最后被祝融打败了。这位水神共工脾气很大，又很爱面子，做了祝融的手下败将，又愤恨又羞愧，无以出气，就朝西方的不周山撞去，不周山轰然崩裂。那座不周山是撑天的柱子，这座大山一倒，撑支天地之间的柱子断了，天倒下了半边，出现了一个大窟窿，地也塌陷成一道道大裂纹。

水神共工和火神祝融为何争斗，是怎样打斗的，有一神话传说是这样说的：远古时代，天地间一片洪荒。昆仑山上的光明宫里，居住着火神祝融。祝融是一位很慈祥善良的神，对大地众生富有同情心。他看到人们茹毛饮血，就取光明宫里的火种，教给人们用火，把打来的野兽放在火上烤熟了。人们吃了这种熟食，不仅好吃，也不会因吃生食而生病，所以大家非常崇拜火神祝融。

祝融为天下众生做的这件大好事，却触怒了另一位神，那就是远在东海居住的水神共工。共工的性情与祝融相反，他不但暴虐，而且嫉妒心很强。他认为水与火都是人生活必需之物，为什么火神祝融能受人敬奉，而自己备受冷落。最后，他的嫉妒化为仇恨，仇恨变作行动，对火神必除之而后快。共工率领着众水族，一路往西向祝融居住的光明宫发起进攻，他要把光明宫不熄的神火扑灭，让大地一片漆黑，永无光明之日。一场水火之战展开了。

插图 3-2 女娲补天雕塑

《论衡·谈天篇》载："共工与颛顼争为天子不胜，怒而触不周之山，使天柱折，地维绝。女娲销炼五色石以补苍天，断鳌足以立四极。天不足西北，故日月移焉，地不足东南，故百川注焉。"相传，女娲葬于河南省西华县，故此县城又称"娲城"，娲城里有女娲墓冢。

昆仑山上的火神祝融得到消息，被水神共工的无理惹怒了，他立即采取了行动，驾着一条火龙出山迎战共工。祝融所驾的那条火龙，全身发光，烈焰腾空，把大地照得一片通明。水神共工看到火神祝融的火龙大放光明，气得七窍生烟，马上下令，调动五湖四海的大水，凶猛的大水势不可当，冲到昆仑前，漫到山上，并向祝融和他骑的火龙泼洒大水。可是，水往低处流，大水一退，神火又燃烧起来。祝融骑着火龙，烈焰腾腾，风掣电闪般直向共工扑去，炽热的火苗射向共工，共工难以抵挡，只得撤退，逃回东海。但祝融紧追不舍，骑着火龙直追到大海。共工狼狈再逃，逃到天边，还没来得及喘息，回头一看，祝融骑着可怕的火龙又追上来了。共工走投无路，愤怒暴跳，一头撞在了不周山上，轰隆隆一声巨响，不周山被拦腰撞倒。那不周山原是一根顶天柱，顶天柱一倒，给天地间造成了特大的灾难，天塌地陷。

"水火不容"，造成了人类难逃的大劫难。

《淮南子·览冥训》这样描述这场浩劫："往古之时，四极废，九州裂，天不兼覆，地不周载。火爁炎而不灭，水浩洋而不息。猛兽食颛民，鸷鸟攫老弱。"大地四方的尽头被崩坏，九州大地塌陷下去；天塌下来不能把大地覆盖，地也不能把万物完全承载；到处燃起大火，火势延绵猛烈不熄；洪水浩渺无边，漫流不退；猛兽吞食着善良的人民，凶猛的鸟用爪抓取老弱。

在一片恐怖中，女英雄出现了，女娲担当起救苦救难的天大重任。《淮南子·览冥训》生动地描写了女娲救民于水深火热之中的壮举："女娲炼五色石以补苍天，断鳌足以立四极，杀黑龙以济冀州，积芦灰以止淫水。苍天补，四极正，淫水涸，冀州平，狡虫死，颛民生。"女娲目睹人类濒临灭绝的危险，无比痛苦，于是决心除害救灾，终止这场奇灾大难。她选来五色彩石，将五色石熔化成浆，然后将残缺的青天窟窿补好；随后又斩下一只千年大海龟的四只脚，当作四根擎天柱，把倒塌的半边天支撑起来；又擒杀了残害人民的黑龙，刹住了龙蛇的嚣张气焰；那滔滔的洪水仍没有退去，最后为了堵住洪水使其不再漫流，女娲还收集了大量芦草，燃起绵延的大火焚烧，积累起灰烬，用灰烬堵塞住四处漫流的洪水。经过女娲一番辛劳整治，苍天被修补好了，被天柱支撑起来，黑龙之害除掉，洪水干涸，保住了中原的太平，强壮凶猛的鸟兽死去，善良的百姓生存了下来。

这场特大的灾祸虽然过去了，但是天有些向西北倾斜，因此太阳、月亮和众星辰都很自然地归向西方；又因为地向东南倾斜，所以一切江河都往那里汇流。当天空出现彩虹的时候，就是我们伟大的女娲的补天神石的彩色光环。

女娲补天的神话，在许多版本中有这样一个情节：女娲氏炼成了五彩石补天时，最后剩下西北方的一块漏洞未及补上，雄鸡已啼。她慌忙之中，抓一块冰填了上去。虽然堵住了洞，但每当东北风一刮，寒冷就会袭来。宋代人崔伯易所写的《感山赋》中也有类似的记载：在河南省济源太行山，女娲氏用来补天的石材是"五色石汁子"。当西北方还未及补上，雄鸡已啼，女娲氏只好用一块冰堵上。从此，西北方过来的雨，都是暴雨，并且常挟带着冰雹。

女娲补天之后，民间还有一个"三生石"的神话故事：女娲炼五色石把天上的窟窿补住了，就开始用泥造人。她造一人，就取一粒沙作计，以知造了多少个人。人一个一个地造出，沙子一粒一粒地积累，积少成多，最后，堆积的沙子变成一块巨大无比的顽石，女娲将这块顽石移到西天灵河畔耸立起来。

这块顽石诞生在天地初开之时，吸万物之灵气，受日月之精华，随年月而向上生长，不知经历了多少个春夏秋冬，终于直插云霄，一声巨响，把青天顶破惊醒了女娲。女娲抬眼一望，万分吃惊，她发现此石虽然直立不倒，但已成头重脚轻之状，而且石上面出现了两条横纹，将整块石隔成三段。女娲马上解读，这三段代表天、地、人三界，这块成"精"的顽石大有吞噬天、地、人之意。女娲感到情势危急，随即施行"魄灵符"，将石封住了。

女娲扼住了"石祸"，心稍平静，心想自己造了芸芸众生，人人都有其位，而姻缘轮回的"神位"却忘设置了。于是，她随即封这块顽石为"三生石"，赐给三生石法力名"三生诀"，将三生石上的三段命名为"前世""今生""来世"，又在三生石的身上从上到下画一条"姻缘线"，意味着从"今生"一直延续到"来世"。至此，女娲完成了一次造神之功。

但女娲还有点不放心，担心"三生石"魔性复发，就把三生石移放到鬼门关忘川河边竖立，让它掌管着人世间的三世姻缘轮回。

3. 娲 城

据说，女娲造人的地方在河南省周口市的西华县。西华县有一条古老的河，叫贾鲁河。贾鲁河畔有一石滩，是女娲抟黄土造人的遗迹。

传说，女娲修地补天以后，中原一带人们又过上了平静的生活。她站在大地上长长地舒了一口气，心中感到快慰。一天，女娲信步闲游，来到了一个视野开阔之地，那里一览无余，北面是广阔的田野，林木葱郁，草绿茵茵；南边与昆山奇峰对峙，一条弯弯曲曲的浑黄的河流淌着，由西北向东南穿岭而过，清风阵阵，水波荡漾，野花送香。女娲动心动情了，她喜爱这片生机盎然的黄土地，这是人类生活的好地方。于是，在这里选择了她的定居地点。这个地方就是今天河南省周口市西华县县城北7.5公里的聂堆镇思都岗村。

自此，女娲同伏羲安下心来，修造起自己的住所，给住所命名为"城"。在"城"中他们教人们捕鱼、打猎、种庄稼。西华县成为女娲活动和建都的地方。后人称之为"女娲城"。

许多史料对"女娲城"都有记载。宋代乐史《太平寰宇记》卷十载："县西二十里，旧传女娲之都，本名娲城。""县"指西华县。女娲曾在西华县建都。《读史方舆纪要》卷四十七也说："娲城在西华县西，女娲之都也。"西华县思都岗村，有一座古刹龙泉寺，明代《思都岗龙泉寺记》碑上记载："西华治北十五里有城遗址，半就湮没，相传为女娲故墟。"清代所撰《西华县志》载："娲城，以为女娲所筑之城，古老相传，其来已久。城上朝来缤纷，烟霞袅袅。尤以春夏之交，此景最为壮观。"《陈州府志》载："西华县女娲城在县西北十里。"

"女娲城"不仅有史书记载，而且有考古发掘证实了女娲故城的存在。原始社会的新石器时代中晚期，仰韶、龙山时代，就有人类在此生活。春秋时期，这里已是一座古城。古城位于河南省周口市西华县聂堆乡都岗村西北角，古城遗址呈正方形，有内外两层，外郭城墙长4000米，内城城墙长1440米。今残存城墙最高点3米，宽8米。护城壕轮廓清晰，基底宽6米，上部宽15米。城墙多为分层夯筑而成，每层厚10～20厘米。夯窝为圆形，平底，直径5厘米。城内有宫殿式夯土台基。在北城墙下出土了一根地下排水管道，残长1米，直径29厘米。城内出土了大量釜、罐、鬲、瓮、瓦等春秋时期遗物，可见当时城池壮伟，居民殷盛。据考，这座古都城为东周时代的城址，城墙下压着商周甚至更早的古文化遗址。

据史书记载，女娲死后，人们为了纪念和供奉这位女神，就在今西华县思都岗村，修建了一座"女娲城"。在"城"内又建一座"女娲阁"。女娲阁分上下两层，上层供奉的是女娲，下层供奉的是伏羲。女娲的塑像是身披树叶，赤足散发，左手执鳌，右手持蛇，表现出上补苍天，下造众生的英雄气概。这座"女娲城"建于何时，似无考证，但历代都有增修，代代相传，颇具规模。城垣坚实，庙宇堂皇，最繁华时，曾达五庙十殿。由于年代久远，兵灾水祸，传说中的"娲城"早已荡然无存。不知何年何月，城弃阁毁。而西华县的百姓们不忘女娲再造之恩，仍常思念女娲，思念女娲故都，于是，把女娲曾生活过的那片土地取名为"思都岗"。《河南通志》

记载说："女娲氏遗民思故都，因以为名。"

今西华县女娲城经修建已成规模，占地60余亩，由牌坊门、女娲陵、补天殿、娲皇宫、伏羲殿、三皇殿、三清殿和两侧廊房等仿古建筑构成。各殿和廊房供奉有女娲、伏羲等神像及描绘女娲造人补天功绩的雕塑和壁画。

据《山海经》载，女娲肉身死后，她的肠化作了十个神人，到了西方的大荒广粟之野守护去了。另据传说，女娲死后埋葬在今中原河南省周口市西华县，而她的灵魂由神兽白曜和腾蛇保护着去了天宫，成为天神。

今西华县女娲城西南280米处，有女娲陵一座，原高6米，面积近400平方米，后为黄河水淹没。20世纪80年代，当地群众添封土冢，增高至13米。女娲陵前香火不断，常年不衰，是当地百姓祈福求安的圣地。

民间传说，正月十五日是女娲补天完工的日子，所以，每年的农历正月十五至二月二，人们都来这里祭祀女娲，久而久之，形成庙会。女娲城庙会源远流长，当地百姓称为"女娲娘娘庙会"。据说，女娲城庙会源于春秋，到明代已具规模，至今绵绵不绝。每年的会期一到，方圆数百里的父老乡亲自发云集娲城，祭奉"神媒"，女娲城内外人山人海，多时日游人达10万之众。庙会期间，女娲城成为女娲神话、女娲信仰的传播中心。

插图3-3 女娲城

传说女娲来到今河南省周口市西华县聂堆镇思都岗村，喜欢上这个林木葱郁，草绿茵茵，水波荡漾的地方，她修造住所，把它叫作"城"，在"城"中定居下来，这里成为她活动的中心。据考古专家发掘调查至今，仍有故城遗址和坚实的夯土层。在城内出土了大量的釜、罐、鬲、瓮、瓦等春秋时期遗物。据考，该城为东周城址，城墙下压着商周甚至更早的古文化遗址。

4. 制 乐

南宋罗泌撰写了一部《路史》，路史，即大史之意，记述了上古以来有关历史、地理、风俗、氏族等方面的传说和史事，取材繁博庞杂，是集神话历史大成之作，其中有关于女神女娲的记述。《路史·后纪二》注引《风俗通》载："女娲祷祠神，神面为女媒，因置婚姻。"意思是说，女娲向祠庙里的神祷告，请求让自己成为人类男女婚姻的"媒人"，神答应了她的请求。《路史·后纪二》又说："以其载媒，是以后世有国，是礼为皋禖之神。"女娲亲自为媒妁，所以后世建立国家的，都把她奉为结合婚姻的郊禖之神。与此同时，女娲发明创造了笙簧这种传统乐器。

为何称女娲为"郊禖之神"呢？

上古原始社会里，男女交欢之地都选在郊外，男女欢会之时，总是用歌声来交流情感，音乐便成了男女爱情的最佳媒介。善于体物的女娲又发现了问题，她觉得"音乐未和"，就是说，男女交流感情的"音乐"，没有在男女欢会中起到媒介作用。于是，女娲发明创造了吹奏乐器笙簧。从此，男女在野郊欢会时，吹奏起笙簧，情义绵长的音乐送给了对对情人无限的欢悦之情，激起心中感情的波涛，甜蜜和谐的交媾，起到了繁衍后代的最佳目的。这种境界是女神女娲策划和组织的，她所制作的爱情器乐，起到了媒妁的作用，所以后人称女娲为"郊媒"。明代周游所著的《开辟演义》中说，女娲"作笙簧以通殊风"，"以一天下之音，用五十弦以抑其情，而乐乃和洽"。女娲发明创造笙簧，实际上是应繁衍滋生人类的需要而产生的，也是确实可信的事实。

44

《博雅》引《世本》云："女娲作笙簧。笙，生也，象物贯地而生，以匏为之，其中空而受簧也。"《帝王世纪》"女娲氏，风姓，承疱羲制度，始作笙簧。"

《唐乐志》："女娲作笙，列管于匏上，纳簧其中。"

这里说到女娲制"笙簧"的方法。"笙"是"以匏为之"，"列管于匏上，纳簧其中"；"匏"，是一种葫芦。将笙管插入葫芦制作成的笙斗上，再加上能吹响的"簧片"，一支能吹奏的管乐器就做成了。这种乐器的构造，寄寓着伏羲和女娲兄妹为避洪水，一同躲入葫芦中再造人类的遗意。女娲"独制笙簧"的真正目的，就是繁衍滋生人类。神话学家袁珂先生说："盖'笙，生也，象物贯地而生'，有繁衍滋生人类之意，与女娲造人，制婚姻之说应。"

女娲发明创造的笙簧，成为我国最古老的乐器，甲骨文专家破解的甲骨文中可知，笙起源久远，为历代主要的吹奏乐器。1978 年在湖北随州发掘的曾侯乙墓，出土文物里就有笙，这是迄今所见的最早的笙，为战国初期随国的遗物。历代擅长吹笙者多不胜数，相传周灵王太子晋好吹笙作凤凰鸣，以至得道成仙。唐代沈佺期、宋之问等许多诗人均有诗歌咏这个神话故事。如王毅的《吹笙引》一诗云："娲皇遗音寄玉笙，双成传得何凄清。丹穴娇雏七十只，一时飞上秋天鸣。"吟笙咏笙之诗作极多，生动而形象地反映了女娲"作竹簧"在中国文化史上的巨大影响。

河南省周口市西华县流传着一则关于女娲制笙簧的传说，很有人情趣味：一天，女娲姑娘得到一个小葫芦，葫芦圆润，小巧玲珑，惹人喜爱。她用手上掂着，一走三摇晃动着，爱不释手。正走着，一不小心，小葫芦碰在一块石头上，正巧被石尖扎个小洞。女娲顺手把葫芦籽倒出来，又掂起空葫芦甩着向前走。这时奇迹出现了，空葫芦的洞口迎着风，葫芦发出断断续续的声音。这从来没听过的声音十分

插图 3-4.1 彩绘乐舞图（长沙马王堆汉墓）

这幅图是在长沙马王堆出土的汉墓中，一棺木上的彩绘乐舞图。画面上流畅神秘的云彩纹之间，有一个弹琴的人，他长发飘扬，赤裸的肌体健美有力。他双手抚琴弦，一腿半跪，入迷地弹奏着，连周围的怪兽也在恣意狂舞，与弹琴弦人那么协调，充满着节奏感。这幅画洋溢着原始的生命活力，表现了一个古老民族超群的美感。

悦耳，听了让她感到很快乐。聪敏的女娲又捧起葫芦放在嘴上对准葫芦洞口吹，也发出同样好听的声音，这令她高兴极了。

女娲灵秀聪慧，爱发明创造。她试着把葫芦从中间截成两半，再找来几根芦苇秆，截成管子，插进葫芦洞口，然后封严葫芦洞口，对着葫芦洞一吹，声音胜于风吹，更为好听了。

后来人们给这种乐器起名叫"笙"。再后来，有人又做了改进，在吹气口上装一个长嘴，里面适当的部位加一张薄薄的竹叶片，起名叫"簧"。就这样，由女娲初始创造而改进的"笙簧"诞生了。

现在的笙簧，上面重叠排列了十三根长短不同的竹管，形状像一只凤鸟尾。笙簧创造的原始动机是为男女求爱时吹奏，后来笙簧又同其他乐器联合演奏，成为一种生活中喜闻乐见的乐器，至今已是中原地区民间婚丧嫁娶、庆典仪式中必备的演奏乐器。

笙簧，这种古老的吹奏乐器，那悦耳动听的音乐之声传达的信息是华夏民族伟大女神女娲在人类生殖崇拜史上至高无上的地位。

女娲在西华县人心目中是庇佑他们的天神，是他们道德行为的监督者，也是他们的朋友。所以，他们亲切地称女娲为"女娲姑姑""女娲姑娘""女娲娘娘""女娲奶奶"，而不称"大仙""大神"之类。

女娲，在西华县百姓的心中是真实的存在。传说，有一次土匪要洗劫西华县，女娲奶奶立即派人击退匪徒，保住了一方平安。有一则"女娲芪"药草治病救人的民间传说。女娲捏泥造人时，突然天下大雨，女娲急忙收拾泥人以免被雨淋坏，却把许多泥人弄成了伤残。泥人活起来之后，就有了许多伤残人。对此，女娲感到很伤心，大哭起来，她伤痛的泪水洒在一种野草上，人吃了这种草能解除身上的病毒。有一年，西华县境内流行一种病疫，死了很多人。女娲就托梦给一个医生，让他用这种草治病。医生就照梦中所嘱，寻找此草，拿给病人吃，果然见效。后来，人们把这种草叫"女娲芪"。

今西华县县城内有一尊女娲补天雕塑，造型为双手举起五彩石，抬头上扬，双目凝视天上，似正在补天。这尊雕塑成为西华县"娲城"的象征，表达了西华县人民对女娲的崇敬和热爱（见40页图片）。

插图3-4.2女乐图（唐代）

女乐图中有五名乐伎各持乐器在演奏，她们手中的乐器自下而上依次是笙、五弦琵琶、琵琶、筝、竖箜篌；她们前面有一舞者，但没出现在画面中，只露一角飘动的舞裙。

农耕始祖神农氏

第四章

问祖

第四章

——

农耕始祖神农氏

四

农耕始祖神农氏

1. 神农降世

　　沁阳市位于河南省西北部，北枕巍巍太行山，南眺滔滔黄河，处于黄河、沁河冲积平原，境内山地和平原并存，物种丰富。沁阳自古为豫西北政治、经济、文化的中心，素有"覃怀之城""河朔名邦"的美誉。除生于斯长于斯的唐代诗人李商隐，元代科学家许衡，明代科学家、艺术家朱载堉，清代政绩卓著的曹谨等一批闪烁史册的大家之外，"神农文化"更具特色而名闻华夏。

　　在沁阳市西北23公里处的太行山南麓有一座神秘的山，据传炎帝神农氏曾在这里辨五谷、尝百草、设坛祭天，后人称之为"神农山"。

　　远古时候，人们吃的是走兽鸟虫、鱼虾野果，用树叶兽皮遮体御寒。随着人口的增加，现有的生存资源已不能满足人们果腹充饥，于是他们摸索出用耕作种植五谷的方法获取食物。农耕不仅改变了人们茹毛饮血的生活方式，而且提高了人类的文明程度，刀耕火种的农业文明在这里起步了，那座巍峨的神农山见证了一切。

　　地处沁阳与山西省晋城交界处太行山南麓有一座由9山、2河、28峰构成的神奇大山，面积达96平方公里。主峰紫金顶海拔1028米，被誉为"中天玉柱"，这就是炎帝神农氏尝百草辨谷物的中原名山神农山。

插图 4-1.1 神农山

神农山，位于河南省焦作沁阳市的太行山南麓，主峰紫金顶海拔1028米，矗立中天，气势雄浑，三大天门较泰山早154年。远古炎帝神农在此辨五谷，尝百草，登坛祭天，故名。群山环抱广场中央，一尊高9.9米，重29吨的纯铜神农氏塑像，耸立其间。炎帝神农头生双角、手捧五谷、顶天立地，一派帝王之相。

《礼》一书中记载："神者信也，农者浓也，始作耒，教民耕种，美其德，信浓厚若神，故为神农也。""农"前加"神"，是人们对他教民耕种功德的敬仰和歌颂。

传说神农就是炎帝。我国许多古籍中都有这样的记载，民间传说也更为广泛。为什么称其炎帝？《路史》中这样记述："受火之瑞，上承荧感，故以火纪时焉。于是修火之利，范金排货，以济国用。""官长师事，悉以火纪，故称炎帝。"炎帝之"炎"与"火"有关。

炎帝神农氏的父亲叫少典。少典是活动在中原一带的一个部落首领，是有熊国的国君。有熊，即今河南省新郑市。《春秋纬·元命苞》记载："少典妃安登，游于华阳，有神农首感之于常羊，生神农，人面龙颜，好耕，是谓神农，始为天子。"传说少典的妃子蟜氏安登在游华阳城时，来到河边，突然水中射出一道红光，她抬头看到一条神龙在半空中，红髯目亮。龙的目光射向她，与她的目光相对，瞬间神龙没了踪影。她再看河水，波澜不惊，四周寂静。这时，她心灵悸动，似有感觉，之后便怀孕了。一个月后，她生下一个男孩。这男婴一落地，四周涌现了九眼井，九眼井中的水彼此相连，汲取任何一眼井的水，其他八眼井中的水就会有波动。全部落为之震惊，都认为这是天神降福，这孩子必将造福整个部族。奇人必有异相，这个男孩是牛首人身，具有龙颜面相；出生三天就能说话，五天会走路，天生神力；无比聪明，三岁就能做耕种游戏。成人之后，他身材高大，魁梧伟岸，是一个力大无比的神人。因他降生在烈山石室，成长于姜水之滨，故以水为姓，姓"姜"。《吕氏春秋·孟夏纪》一书说："炎帝，少典之子姓姜氏，以火德王天下，是为炎帝，号曰神农。"炎帝又称"赤帝"，也叫"烈山氏"，说他"在地为火，在天为日"，所以人们认为他是中国最早的大地上的"火神"、天空中的"太阳神"。

华阳城故城遗址在河南省新郑市北 20 公里处。西周时期华阳城为华国的都城。东周时，华国被强大的郑国灭掉，华阳城改称为"华阳亭"。至宋初，华阳亭曾一度叫"卸花城"。因为后周皇帝柴荣的陵墓在华阳城西 1 公里，每年清明时节，柴荣的女儿柴郡主都要来此祭陵。在去陵墓前，柴郡主总要在华阳城内把鲜艳的红装换下，穿上孝衣去祭奠父亲。后人把华阳城称为"卸花城"。宋代以后，复称其为华阳城。华阳城故城遗址，周长约 5000 米。华阳城故城一带关于炎帝神农的传说历史悠久，神农文化灿烂。

50

插图 4-1.2 神农氏降生地华阳古城墙遗址

河南省新郑的"华阳"为炎帝神农氏的出生地。《史记·五帝本纪》"正义"引《帝王世纪》说："神农氏，姜姓也，母曰任姒，有蟜氏女登为少典妃，游华阳，有神龙首，感生炎帝。"华阳古城，为古华国的国都，也是传说中古华胥国所在地，是战国时期韩国北部的门户和军事重镇。位于河南省新郑市郭店镇华阳寨村。华阳古城遗址呈南北方形，周长 3 公里，发现有战国时期护城河、防御墙、城壕、防卫坑等大型城防设施遗迹。五代后周周世宗柴荣死后，葬在华阳故城西（今陵上村）。相传柴荣的女儿柴郡主每年前来祭奠父亲，都在此城稍停，卸下佩饰和凤冠，换上孝服，前往祭吊。因此，当地人又叫"卸花城"。

在《礼》《易》《淮南子》《纲鉴》等古典书里所记载的炎帝神农氏，就是一位在开发农耕方面有着丰功伟业的人物。他应该是中国农耕文明的始祖。

2. 创造发明农具

《淮南子》中有这样的记载："古者民茹草饮水，采树木之实，食蠃蚌之肉，实多疾病、毒伤之害。"远古，生活在中原大地上的先民们，并不懂得春种秋收之农事规律，人们在东奔西跑中，或采食不足，或一无所获，往往挨饿受冻、遇险遭难，这种原始的生活方式使他们过着朝不保夕的日子。面对变化莫测的大自然，人们束手无策，不知所措。

作为部落首领的炎帝神农，系自己部族的生命于心中，思考解决饥食困苦的办法。他不怕千辛万苦，跋山涉水，奔波在森林山野，寻找一种能使族人衣食可保的东西。

有一天，他在采摘植物时看到一种带穗的野草，把穗子采下放在手中一揉，露出许多小颗粒，用舌尖舔入口中咀嚼，有点香味，感觉可吃。后来他又发现了一个秘密：人们吃剩的果核在来年之春，会生出新芽，渐渐长大，结出新的果实。神农氏仔细观察了它的规律，发现植物的枯萎与生长和天气的冷暖变化有着密切的关系。摸到了规律，就掌握了植物生命的本源。春天他把能吃的草籽撒在土中，秋天就能长出新的草籽。人们培养出来的果实，除了日常生活所需之外，还有剩余，把剩余的果实收藏起来，以备后用。用今天的话说，神农山是炎帝神农氏试验种植谷物的"基地"，试验成功了，他再把种植的方法教给百姓们。

关于炎帝神农得到种子的故事，还有一个传说：炎帝历尽艰辛为百姓寻找充饥的食物的诚心感动了天帝，天帝派来一只丹雀，全身通红，口衔九穗禾苗，飞到炎帝的头顶，穗上的谷粒纷纷落地。炎帝拾起一看，是自己尝过的品种。他把九穗禾苗落下的种子种在土地里，不久就长出高大金黄的"嘉谷"。这种金谷颗粒肥大，味道香美，人食之强身健体，百病不生。

炎帝神农氏终于克服了种种困难，辨别出了作为谷物、蔬菜、药草的各类植物，从而教百姓应播种哪些植物，如何播种。在播种季节，神农氏领着部落的人，登上高高的神农山，设祭坛，拜天神，求神赐福。神农山有一座神农峰，神农峰上有一祭天遗址，应该是远古先人祭祀苍天的记录。处于原始状态的农业生产，缺乏或者还没有出现耕种技术，耕种收获全取决于天。所以，他们自然会把天作为崇拜的对象，祭拜天神，是他们必不可少的耕种程序，而祭祀天神的那座神坛多建在高地或者山上。农事与天有密切关系，在山上设坛祭天的同时，能更准确地观察天象，预测天气的变化。

但是，植物种类万千，人们在采摘野果食用时，常常不但不能充饥，反而中毒身亡。为了选取没有毒的植物作为种子，神农氏为了部落百姓的安全，又面临一个新的挑战。

为了播种人们可食用的植物，炎帝神农氏做了一个大胆的举动，他要亲尝百草，以身试毒，辨别出植物的毒性。

神农氏采集了各种各样的植物，把植物的根、茎、果实、叶子，取来一一试吃，从而分辨出哪些可食用，哪些有毒。《淮南子》记载："神农乃始教民播种五谷，相土地宜燥湿肥硗高下，尝百草之滋味，水泉之甘苦，令民知所避。当此之时，一日而遇七十毒。"这种尝百草的做法，无疑是一种生命的冒险。炎帝神农不但教会大家播种收获，而且也学会了选无毒的种子播种。

炎帝时代的先民们掌握了把野生的谷物用于人工种植的技术，这是原始农业的雏形，是人类向文明迈出的坚实一步。

农耕光有种子还不行，耕，必须有耕的工具。在《易》中还记载了炎帝神农氏"斫木为耜，揉木为耒，耜耒之利，以教天下"的事。就是说，炎帝神农氏不但解决了谷物的播种问题，还研究制造了播种谷物的工具，就是制造农具。炎帝神农氏截断木头做成犁头，揉弯木头做成犁耙，并教人如何使用。这应该是我国古代制造的最早的农具。耒，是农具的祖先。《易》上所说的炎帝神农氏"相土地宜燥湿肥硗高下"是对土壤的鉴别。炎帝神农氏在耕田地、种五谷的实践中，发现了植物生长与土壤的关系很大。土壤的颜色有黄、黑之分，含水量有燥、湿之别。土质不同，适于生长的植物也不同。

现在我们常用"刀耕火种"来描绘我们祖先农业生产的方式。这里的"刀耕"，应该包括使用炎帝神农氏创造发明的原始农具耕种；"火种"，则是指用火烧掉杂草，再进行点种。这"刀耕火种"的广义理解，是对我们的祖先所创造发明的一套农耕技术的概括与总结。炎帝神农氏为此付出了辛勤的劳作。史书上说"神农憔悴"，正是他勤劳勇敢、吃苦耐劳的写照。他是"以农活天下"的始祖，"民为邦本，食为民天。农不正，食不充；民不正，用不衷；士丁壮而不耕则受其饥，女当年而不织则受其寒；不贵难得之货，不器无用之物。是故耕不强者亡以养其生，织不力者莫以盖其形。有余不足，各归其身。"这正是炎帝神农氏的躬身实践和智慧的总结。

"神农氏"中的"神"是后人对他的敬称，有实际意义的是"农"。他尝百草，辨五谷，创农具，教耕种，是远古时代一位伟大的"农业专家"，是我们祖先劳动智慧的具体而生动的反映。

52

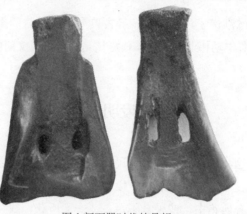
图1 新石器时代的骨耜

图2 神农氏教民耕种图（东汉石画像拓本）

ANCESTOR

问祖

插图4-2 新石器时代的骨耜和神农氏教民耕种图（东汉石画像拓本）

在新石器晚期遗址，发现了保留于黄土上的耒痕，耒耜为先秦时期主要农耕工具。"耒"为木制的双齿掘土工具；"耜"为木制铲状耕田工具。《周易·系辞》说神农氏"斫木为耜，揉木为耒，耒耜之利，以教天下"。传说，炎帝神农氏和部族的人林中围猎，见野猪用长嘴拱地，一路拱过，翻松软了泥土。他反复琢磨野猪拱地松土地之理后，就在尖木棒下，横绑短木，一架翻土的农具诞生了。传说这是人类的第一张"犁"。史籍上称之为"耒"。"耒耜"之犁出现之后，人类才有了真正意义上的"耕"和耕播农业。神农"造耒耜""创五谷"，成为千古美传。

3. 尝草辨药

几千年来，炎帝神农氏被尊奉为"农业之神"，他是农耕的始祖。岂不知炎帝神农氏还是一位"医药之神"。

《帝王世纪》中这样记载神农氏："尝味草木，宣药疗疾，救夭伤人命。"可以想得到，他领导的部落里，人们虽然通晓农耕，种植五谷，有了维系生命的食物，摆脱了饥饿，却又被疾病困扰，有的人病倒再也起不来了，失去了生命。在自然环境的变化中，各种各样的疾病折磨着人们，威胁着人们的生命。但无人知道疾病是可以治好的，更无人懂得解除身体病痛的方法。人们一旦患上疾病，不是在痛苦的折磨中等来侥幸好转，就是在病痛的煎熬中死去。

能去除疾病的东西一定有，发现它的还是炎帝神农氏。正如《路史·外记》所记载："磨唇鞭茇，察色腥，尝草木而正名之。审其平毒，旌其燥寒，察其畏恶，辨其臣使，厘而三之，以养其性命而治病。一日之间而七十毒。"

炎帝神农氏发现能治病的植物，不知用了多少时间。《路史·外记》中生动地记述了炎帝神农氏探索、发现草药和总结医药、医疗经验的情景。《淮南子》中也生动地记述了神农

插图 4-3.1 神农尝百草图

远古百姓以采食野生瓜果，生吃动物蚌蛤为生，常有人受毒害得病死亡。炎帝神农氏为"宣药疗疾"，救夭伤人命，跋山涉水，尝遍百草，"一日遇七十毒"，但他识别了百草，发现了攻毒祛病、养生保健的中药。由此民有所"就"，不复为"疾病"伤害，故先民封他为"药神"。然而自己却因误尝断肠草而死。

氏发现、寻找草药的举动："神农氏乃始教民播种五谷，相土地宜燥湿肥硗高下。"神农氏在采集活动中，逐渐发现吃了某些植物就出现呕吐、腹痛、腹泻、昏迷，甚至死亡的现象，而吃了某些植物却能减轻或者消除病痛；有的植物还能解除因吃某些动植物而引起的中毒。他在渔猎中又发现，吃了某些动物的肢体和内脏，人体就出现特殊的反映。经过长期的实践，便能辨别出许多动植物的治疗作用，有人患了疾病，他便有意地选取某种植物来治疗。久而久之，积累了经验，并逐渐探索出其中的规律，总结归纳出理论。于是，中国人使用的特殊而神秘的中医药物产生了。炎帝神农氏通过尝百草、辨植物，开创了中医药之先河，为中国古代医药的发展奠定了基础。炎帝神农氏是中华民族中医药的始祖。中药里植物类所占比例最大，又因中国古代药物学知识是从尝试植物开始的，所以古人称药物学著作为"本草"。据传，中国古代中医四大经典著作之一的《神农本草经》，就出自炎帝神农氏之手。也有人说，此书成书于东汉，那时盛行托古之风，厚古薄今。为了提高这部书的价值，就借用神农遍尝百草、发现药物的传说，将神农冠于书名之首，定名为《神农本草经》，这也证明了神农对发掘中药的贡献。

《神农本草经》收载药物365种，包括植物药、动物药、矿物药。此书中分别阐述了用"升、降、浮、沉"四气和"辛、甘、酸、苦、咸"五味来概括药物的性能和作用。根据有毒和无毒将药物分成益气、补虚、除邪等上、中、下三类，创立了与方剂有关的配制方法；对于药物的炮制、贮藏方法和经验作了概括性的描述。

另外，关于中医经络学的创立也有一个传说：有一天，神农氏的女儿花蕊生病了。她茶饭不思，腹胀如鼓，浑身难受。神农氏调治不好，就找来12味草药，让女儿吃下。女儿花蕊吃过药，肚痛如绞，不一会儿生下一只小鸟。此时，神农氏正在一棵树下休息打瞌睡，忽然听到"叽喳"的鸟叫，叫声仿佛在叫"外公"。神农氏心烦，胳膊一抡，小鸟飞走了。可一会儿小鸟又飞回来了，仍然叫："叽叽，外公。"神农氏说："你若是我的外甥，就落到我的身上吧。"小鸟果然飞到了他的左肩上。神农氏一看，这小鸟浑身翠绿，通体透明，内脏看得一清二楚。神农氏把小鸟带回家，把女儿吃的12味药分开煎熬，熬一味，喂小鸟一味，边喂边观察。他看到药在小鸟肚子里流动的情况及药的变化情况。然后，自己再尝一尝，体会药在腹中变化的规律。12味药喂完之后，他自己也把12味药一一尝遍。根据亲身体验，他总结出这12味药一共走了手足三阴三阳十二经脉。

炎帝神农氏托着这只绿色小鸟，钻进了深山老林，采集各种植物的根、茎、叶、果，捕捉各种飞禽走兽、鱼虾虫鳖，挖掘各种石头矿物，一样一样地喂给小鸟吃，再一样一样地亲口尝，观察小鸟体内的流向，体会自己身上的反应。天长日久，炎帝神农氏总结出了经验，制定了人体十二经脉，并写出了《神农本草经》。

炎帝神农氏对自己总结出的东西还是不甚放心，就带上这只鸟来到太行山，踏遍青山，历经九九八十一天，他们来到一座大山的山顶，神农氏将捉到的全冠虫喂小鸟。不想小鸟中毒，肠断而死。神农氏悲痛大哭，用木头刻了一只小鸟带在身上，继续寻百草定药性。他来到山上小北顶的百草洼，误尝断肠草而亡。

为了纪念中医药始祖神农氏，人们把小北顶改称"神农坛"，建庙塑像。神农氏的像右手托花蕊鸟，左手拿草药往嘴里送。现在，百草洼西北的山顶上有一块石头，像一个弯腰搂肚的人，传说那就是炎帝神农氏的化身。

54

插图 4-3.1 神农采药图（宋佚名）

画面中的神农头梳高髻，长脸高鼻；肩披兽皮，腰围叶裳，右手擎紫芝，左手携药锄，背负药篓，满载而归，满面喜色。所绘人物、衣着、执物等，均墨彩浓重，用墨厚实；坡道山石，简笔淡墨，繁简对比，突出了神农的神姿。

4. 易物成市

炎帝神农氏的发明创造大大提高了人们的生活质量，文化生活的需求也日渐凸显。传说，炎帝神农氏削桐为琴，结丝为弦，史书中记载："长三尺六寸六分，上有五弦，曰宫商角徵羽。"这就是"五弦琴"。

《周书》记载："神农耕而作陶。"《资治通鉴·外纪》也说："神农……作陶，冶斤斧。"在炎帝神农氏时代，已有了制造陶器的技术，这是人类社会发展史上一项重要的技术革命，它在人类生活中有着极为重要的意义。在此之前，人们加工食物，是直接在火上烧或烤，而有了陶器以后，就可煮食或蒸食了。这是炎帝神农氏进行的又一次"饮食革命"。炎帝神农氏不但教会人们制陶，还很重视如何从精神上减轻耕作的劳苦，他教大家跳舞、绘画、礼仪等。

《潜春论·五德志》中记载："日中为市，致天下之民，聚天下之货，交易而退，各得其所。"那时一个部落如同一个独立的"王国"，部落间的隔距使他们不能够互通有无。如何解决这个问题，炎帝神农氏就想到一个交换的方法。要相互交换，得有时间和地点。经过观察，神农氏发现当太阳升至天空正当中时，人在太阳下没有身影。于是，就依这个时间为标准，选定一处人们居住的中心地带作为交换的场所。每天太阳正当顶的时候，人们就带着自己的东西，从四面八方聚集于此，形成了一个热闹的"集市"。人们在交换中，用自己多余的东西，换回自己所需之物，带着满足的心情散去。这种以物易物的方式，不但满足了人们的生活需要，而且促进了生产的发展。这种"集市"，至今仍存在于我国广大的农村。当地人按约定成俗的时间和地点，形成规模大小不等的集市。"赶集"，成了农民生活的重要组成部分。

5. 炎帝女儿的传说

关于炎帝神农氏的一些传说里还有关于炎帝神农氏子孙们的传说，在民间流传广泛、历史悠久。传说炎帝神农氏有三个女儿，在《列仙传》里叙述了其中一个女儿的故事。这个女儿与一个仙人有关。这个仙人叫赤松子，他的最高理想是要修炼成仙。为此他爱上吃药，以此磨炼修行。这种药古书上叫"水玉"，就是水晶。靠这药物，他还真的练就了一身本领，他用火烧自己，他的肉身在烟火中上下运动，终于烧得脱胎换骨成仙了。这位仙人到昆仑山去找西王母，住在山上的一个石屋子里，身子轻得可以飞起来。赤松子吃药成仙的事，感动了炎帝的一个女儿，她就跑到昆仑山找到赤松子，学习赤松子吃药炼身体，用火焚烧自己。最后，也成了仙人，从此再没有回到中原的父亲身边。

炎帝神农氏的小女儿有史书记载叫瑶姬，未出嫁就死去。她死后的灵魂去了姑瑶之山，变作一棵瑶草。瑶草黄花绿叶，结的果子很神，谁吃了这种果子，就会变成人们喜爱的人。天帝对她的早夭很难过，便封她为巫山管云雨的神，在巫山上朝

SERIES ON THE HISTORY
AND CULTURE OF

中原历史文化系列丛书

云暮雨，给人间带来雨水，滋润着大地。

做了云雨之神的瑶姬，她的传奇故事还在延续。战国末年，楚怀王游云梦时，住在一个叫"高唐"的台馆里。哪知那位巫山云雨神具有浪漫的情怀，富有热烈的情趣。她向正在午休的楚王倾诉了情爱，完全是一个天真烂漫的少女形象。楚王醒来，难以忘怀，就在高唐为云雨神造了一座庙宇，叫"朝云庙"。一日，楚怀王的儿子楚襄王也来高唐游玩，他夜宿高唐，也做了一个与他父亲相同的梦，梦境令他感慨而惆怅。这父子两人做的两个奇怪的梦感动了楚怀王的御前文人宋玉，他灵感一来，写了两篇赋即《高唐赋》《洛神赋》。两篇赋成了千古名篇，流传至今。

炎帝神农氏还有一个女儿，关于她的故事更是为炎黄子孙所熟知了。据传，炎帝的这个女儿天真活泼，好动爱玩。一天，她玩到东海去了，却遭遇到了海上的暴风巨浪，结果被海水吞没，再也没上来。她的灵魂没去找什么神人，而是化作了一只小鸟。这只小鸟白嘴、花头、红爪，十分可爱，名叫"精卫"。精卫鸟住在北方的发鸠山，心中埋着愤恨，恨无情的大海毁灭了她如花似玉的生命。于是，她决心要填平可恨的大海，她用小小的嘴巴，以她能承重的力量，衔来西山上的小石子、小树枝投向大海。尽管不知何年何月能完成她的心愿，但是，精卫鸟千百年来成了意志坚强的象征，活在人们的精神世界里，给了一代人又一代人无穷的力量。

6. 炎帝神农氏的足迹

神农山历史悠久，神农文化底蕴厚重。远古时期，炎帝神农在此设坛祭天；西晋时期，女道士魏华存在这座山上修道42年，写出《黄庭经》一书，此书被称为"四大天书"之一，她在此创立了道教中的清派；北魏时期，高僧稠禅师在此山开凿太平寺摩崖石刻，兴建云阳寺、临川寺、太平寺和沐涧寺；据考证神农山上的"一天门"，比泰山的"一天门"还要早154年，巍然挺立在群山峻岭中的神农山。韩愈、李商隐等历代名家为之倾倒，都留下了许多传世佳作。历来人们到神农山来主要目的就是"求神"，因为神农山是人们心中祈财、祈福和祈运的神圣之山。

中原的神农山与湖北的神农架，都曾是炎帝神农氏尝草采药的地方，南北所积淀的"神农文化"，遥相呼应、相得益彰。

走进神农山首先映入眼帘的是一座高大的青石寨门，这便是云阳寨。它始建于隋唐时代。云阳寨地处豫晋两省交通要道，雄关险隘，为历代兵家必争之地。大书

56

插图4-5 裴李岗文化双耳三足红陶壶

此件双耳三足红陶壶1977年出土于河南省郑州新郑市西北裴李岗村西。距今七、八千年前，黄河流域氏族部落中的先民们，已从采集、狩猎生活走向定居，并开始农耕，饲养家畜，使用石器，掌握了烧陶技术，历史进入新石器时代。此件红陶壶高13.9厘米，口径6厘米，长直颈、圆肩、深腹圆鼓，环底。三个实心矮圆锥形足。肩部有两个相对称的扁体半月形双耳，器表磨光相当精美。

法家王铎在《怀州吊古》一诗中曾这样赞扬它："北面峰峦拱孟门，野王形胜沁河混。"诗中所说的"孟门"，指的就是云阳寨门。云阳寨门内不远处有一座寺庙，叫云阳寺，是唐代所建。它依山傍水，左峰右谷，景色壮美。左看紫金顶高耸，右看云阳山雄峙，而云阳河七弯八旋，破山而出。山岚幻化，紫虚缥缈，白翠绿波，碧霞晓光。河以云而闻名，山以阳而著称。云阳河景区，山峰千姿争奇，河谷清幽秀丽。古寨、古刹、古洞、古塔，胜迹美景，令人目不暇接。

云阳寺景区包括云阳寺、寿圣寺、胜果寺、清静宫四组建筑。清静宫与云阳寺仅一墙之隔，建于清朝乾隆年间，内有玉皇阁、三皇阁、王母殿等建筑。清静宫在建筑风格上，打破了轴线对称的佛寺道观建筑格局，使窑洞和楼阁结合在一起，全部用山石构建，在中原古建筑中独树一帜。三皇阁石柱上有对联一副，颇具哲学意味："欲知五帝以上事，须问盘古以下人。"在清静宫之东的云阳河西岸台地上，有三座塔，人称"小塔林"，为方形密檐闭幕式砖塔。塔高4—6米，仿唐风格。三塔分别为元、明、清三代建筑。

登山之路，人称"神农道"，被誉为"天下第一步道"。全长3000米，共有4321个台阶，入口处为99级。中国人认为"九"是吉祥的数字。相传当年炎帝神农氏跋涉99盘山路，来往于大山之中，所以，如今的入口处便设计为99级。

穿过神农道入口，向云阳河东南山坡望去，云阳寨门的右上方，有八座错落有致的山峰蓦然回转，面向东北，状如叩拜，山势独特，令人遐想。相传这八座山峰就是传说中的八仙。当年八仙登神农山到紫金顶寻访太上老君李耳，但因李耳云游未归，不曾见到。八仙转身即返，在云阳河口发现东山之巅有老君的仙踪，旋即折回，排成一排而拜，于是就形成了这八座山峰，这一景观叫"八仙拜祖"。看来，

插图 4-6.1 神农山"一天门"

自古天下名山都要建造天门，"天门"意指是通往天宫之门。一座山最多只能有一、中、南三重天门。神农山在明代就是名扬天下的神山，所以明代的万历皇帝和清代的乾隆皇帝敕建了山上的三重山门。"一天门"位于99盘之巅，是登临紫金顶的咽喉要道。此门建造于明嘉靖四十二年，比泰山的一天门还要早154年。

神仙对华夏先祖也是非常尊崇的。人们就把这八座山峰叫"八仙峰"。远眺"八仙峰"上云雾缭绕，紫气升腾，一派仙风道骨之象，引人遐想不已。

距"八仙拜祖"，有锣鼓亭一座。从锣鼓亭往东山崖下看，那里有两个山洞，左边的呈锣形，叫锣洞；右边的状似鼓，叫鼓洞。相传每年除夕之夜，就能听到锣鼓的声音，那是从锣洞里和鼓洞里传出来的。站在锣鼓亭就能看到八仙所寻找的老君李耳了。那东山之下有一座山峰，孑然耸立，与众不同，大有特立独行之态。细看之，其似人非人，似仙非仙，百姓们传说那就是老君。人们把此峰叫"老君峰"。在"八仙峰"南侧的云阳寨右上方，有一块巨石，酷似一只半蹲的老虎，威风凛凛，好像是云阳寨的"卫士"，人们称之为"虎头山"。

炎帝神农氏尝草辨药的地方叫"神农峰"。神农峰高耸突兀，高大伟岸，笔直挺立，如一位历经沧桑的髻发长须、神态泰然的老人。传说那是炎帝神农氏的化身。相传，当年他为了找到治病良药，跋涉于千山万水之间，口尝百草，以定药性。他来到此山采集、口尝中药时，误服断肠毒草而亡，死后化为山峰，留于人间。后人出于对炎帝神农氏的敬仰，称此山峰为"神农峰"。

沿99级台阶的神农道，拾级至顶就是"一天门"。一天门于明代嘉靖四十二年建造。从一天门往上就是"中天门"。此门是石材建造，共有台阶250级，势如通天云梯，险峻峭拔；沿阶攀登时，须手脚并用爬行，又惊又险，人们叫它为"鬼路口"。由中天门再往上攀登，就是"南天门"了。南天门位于紫金顶的最高位置。站在南天门，身旁云雾缭绕，顿觉如入天宫，如临仙境。极目远眺，前方是"牛角川"。这里山灵水秀，历史文化丰厚，孕育出了几位中原文化名人。如被尊为"唐宋八大家"之首的唐代文学家韩愈，他开宋明理学先声，倡导"古文运动"，继承先秦、西汉优秀散文传统，成为当时文坛上的领袖人物。又如唐代大诗人李商隐，其诗有杜甫沉郁顿挫之风，锤炼谨严之功，融合齐梁诗歌浓艳色彩。又如李贺，其诗大兴幻想象征之风，形成了深情绵邈、绚丽精工的独特个性，在诗坛上独树一帜。又如明代科学家、音乐家朱载堉，被称为东方文艺复兴时期的圣人。他在音律、算学、舞学等方面的研究成果，在世界文明史上树起了一座不朽的文化丰碑。仙地灵山孕育出了无数英杰，因此可以说神农山就是中华民族的骄傲。

一天门、中天门和南天门，三重天门分别是明代万历皇帝和清代乾隆皇帝敕建的。沿着炎帝神农氏曾攀登过的险峻山路，就登上了神农山的极顶——紫金顶。

紫金顶是神农山的主峰，海拔1028米，耸立于群山之巅，号称"中天玉柱"。站在这里有什么感觉？不妨借古诗一首找一下感觉。清代范照藜的《登紫金坛绝顶》这样写道："秋林万蹬幻中央，醉自鸿蒙几道肠。谈笑悠然低日影，玲珑忽尔送花香。河声水声吹无歇，岳色天门对不妨。便欲结庐身未老，应向南极抚扶桑。"

站在峰顶俯视东南，群峰参拱，谷壑纵横，放眼而望，博览无余，"山中有谷，谷中有山"的景观，尽收眼底；那苍茫蔚然大气的太行山脉，横空蜿蜒。向西南望去，连绵起伏的群山之中，云雾霭霭，神秘莫测。夕阳残照时，更是云蒸霞蔚，大有海外仙山之态，令人遐想。

紫金顶的顶部是一平台，有100平方米之大。站在顶部向四周看去，尽为悬崖峭壁。

紫金顶俗称"小北顶"。相传太上老君曾在此筑炉炼丹，因此峰顶常年紫气环绕，金光流溢。台上有棵古松，据说有千年之久，是我国稀有的白皮松。那里还有一个长、宽、深约1米的石坑。相传人祖伏羲氏当年曾卧此坑听风，悟出八卦，故叫"八卦坑"。那座笔直独立的山峰，叫"舍身台"，其三面是悬崖，台下是深渊。峰顶平坦处5米见方，一条石造小径可通。相传当年伏羲氏到此坐于悬台之上，耳听八面来风，得大自然造化之气，画出八卦之形。自古以来，凡是登上紫金顶的人，都要上舍身台。因为当地有"没做亏心事，敢上舍身台"的说法。紫金顶有一块巨石，长2米，宽0.8米，重吨余。登上巨石，山风一吹，即有晃动之感，故称"风动石"。

紫金顶还建有三座庙宇：为纪念道教鼻祖老子而建的"祖师殿"，为祭祀开山祖师张道陵而建的"太极殿"，为纪念三清老君而建的"三清殿"。据记载，这三座庙宇均为元代的建筑。现在所看到的三大殿，都是当地山民重建的。

站在紫金顶西望，可以看到沐涧山。沐涧山是一个富有诗情画意的山，四周有飞泉可"沐"，两山夹"涧"，长约5公里，幻化万状。地处名山，环境幽美，泉水渗出，穿流寺中，两侧竹树花卉荫合。特别是每当新雨初霁，满山翠绿，蓝天白云，如诗如画。树上鸟儿鸣叫，山中水声应和，悦耳动听。走近"沐涧泉"，如入仙境，奇花异草，扑面而来；悬崖陡峭，变幻无穷；泉水飞泻，抛珠撒玉。这里的人文景观十分丰富，令人流连。相传晋代魏夫人就曾修真于沐涧泉。沐涧泉的西边有一大石瓮，进入其中，如入瓮中，故名"西石瓮"。它的西南有悬谷山，山前有"蛟脊瓮"，形似蛟龙脊背，上边曾有大钟一口，故又称"大钟岭"。由此向西，崖畔有"太平寺摩崖"，始建于隋、唐，至五代、宋、明、清时，都有续作。今存三窟六瓮，东西延续百余米。有千佛洞，内有佛像2700余尊，旁刻佛名。造像大的高2.2米，小的只有7～9厘米。佛像造型神态各异，为国内洞窟所罕见，是研究佛教艺术的重要实物资料。

沐涧山的南端有一"捏掌村"，这里有一"尧泉池"。史书记载："昔帝（尧）巡狩率师至此，困息思浆，求无获济，忽睹斯境犹掌润泽，帝乃圣意阴符，龙指按捏，灵感澄泉应手，源泉无涯。"原来，远古时，五帝之一的尧巡游狩猎来到这里。休息时，他口渴找不到水流，看到此山湿润，就按住山头用两手一捏，泉水便涌出，故名"尧泉池"。在尧泉池的后边有一庙宇，是为纪念尧而建的"尧帝庙"。明代万历年间，科学家朱载堉曾来此一游，对尧泉池有生动的描写：爱水光之激艳，喜山色之掩映。

插图4-6.2 神农山紫金顶

神农山主峰紫金顶海拔1028米，矗立中天，气势雄浑，三大天门较泰山早154年。这里曾是炎帝神农辨百谷，尝百草，登坛祭天的圣地。也是道教创始人老子筑炉炼丹、成道仙升之所。韩愈、李商隐等历代名家曾在此留下许多传世佳作。

荷红十里，稻绿千丛；苍葭萦绕于两岸，翠绿交加乎几重，号小西湖焉。水光山色，红荷绿稻，芦苇飞白。

沐涧山下，有一座庙，规模宏大，相传是为纪念晋代魏夫人所建，叫"魏夫人祠"。祠的山门为龙抱石柱牌坊，雕刻精细。门前有一对石狮，院内有一对飞来石，人称是二仙奶奶梳妆台，所以"魏夫人祠"又叫"二仙庙"。祠后有大殿，称为"三栅阁"，整个祠有 0.5 公里长，房屋数百间。

沐涧山下有神仙河，神仙河的西岸立着一座庙，叫沐涧寺。沐涧寺是唐代贞观年间，皇帝命鄂侯萧然创建的。其通阔 30 米，进深百余米，寺中有其禅房，全寺占地 4600 多平方米。沐涧寺的四周，拔千仞，高崎群峰，溪流涧谷，万木争荣，四篱苍郁。从沐涧寺下山至谷底，就会看到一个亭子，叫"忘归亭"，是登沐涧山的唯一通道。这里景观别有洞天，奇峰争秀，幽翠逼天。在沐涧寺的左侧，有一尊高 3 米余的石碑，此碑上的碑文为清代书法家王铎所书。据传王铎酒中则有佳作，这尊石碑上的碑文，就是他酒酣之中挥毫倒书成篇，为挥洒飘逸的草书体。虽是倒书，但文意仍然正读，读来趣味浓郁，实为书法艺术一绝，乃石刻之珍品。自唐以来，沐涧寺就是佛教圣地，许多石刻题记的历史价值和审美价值很高。

紫金顶被人称为"太行雄峰"，站在雄峰之巅向北望去，那苍茫云海间的山峦叫白松岭。白松岭是神农山风景的经典，因山岭有珍稀树种白皮松而得名。白松岭一岭九峰，是神农山中云阳河和神仙河的分水岭，海拔高度 1020 米，长约 11.2 公里。山岭中生长着 1191 种植物，其中名贵植物和中药材有 330 种。

白松岭因有"五绝"，而被人誉为"中华绝岭"。这"五绝"是：一绝是"岭"。白松岭山峦大气磅礴，地质结构典型，山势峻峭险隘，物种十分丰富，在中国名山大川中，绝无仅有。二绝是"松"。白松岭上生长的白皮松，珍稀名贵，又称白鹤

插图 4-6.3 神农坛
神农坛是炎帝神农氏登坛祭天的圣地。

松，我国只有白松岭和长白山生长。然而，此处的白皮松兼有长白山白皮松挺拔、俊俏之美。此岭白皮松1.6万多株无一不是生在岩缝之中，长在悬崖之上，在石隙里盘根错节，枝干千姿百态，风情万种，透露出神山之仙气。三绝是"石"。白松岭的石头，层层叠叠，如人工堆砌作秀，实则是大自然的造化之功。这些"艺术性"的石头，是一次山崩地裂造山运动的杰作。那些危岩累石，如一丛丛、一簇簇石花，开满山岭，如织如秀，如梦如幻，观之令人眼花缭乱。四绝是"路"。"山本无路岩作径，人若有胆崖上行"。白松岭上无所谓路与径，顺岭而行，脚下累累危石，可谓"举步维艰"；两旁悬崖绝壁，刀劈斧削，幽谷险壑，深不可测。五绝是"景"。人们常说，危险之处必有美景。这里处处美景可观，但处处险象环生。

循着炎帝神农氏留下的圣迹，感受着圣山神地，领略着仙境灵水，带给我们的是先祖的崇敬和追忆。

第五章

人文初祖轩辕黄帝

问祖

五

人文初祖轩辕黄帝

1. 轩辕丘下

河南省新郑市是一座历史文化名城，轩辕黄帝在此建都；帝喾时代，新郑为祝融氏之国。新郑拥有8000年的裴李岗文化、5000年的黄帝文化和2700年的郑韩文化。中华人文始祖——轩辕黄帝出生在新郑，并在此一统天下，播撒文明，书写了中华文明的历史篇章，新郑由此被誉为黄帝故里、中华第一古都。这里人杰地灵，人才辈出：春秋名相子产、战国思想家韩非、战国著名水利学家郑国、汉代军事家张良、唐代大诗人白居易、宋代建筑学鼻祖李诫、元代天文学家许衡、明代名相高拱等历史名人均流芳千古，光耀史册。每年的农历三月，海内外数万华人在新郑公拜轩辕黄帝，在全球炎黄子孙中传为佳话。

据史料记载，河南省新郑市古称"有熊"。宋代司马光的《资治通鉴》中记载："黄帝轩辕，少典之子，生帝于轩辕之丘。"清代乾隆年间的《新郑县志》中记载："新郑县（今河南省新郑市）故有熊氏墟，黄帝之都也。"

在5000年前的仰韶文化时期，也就是新石器时代的中晚期，在新郑一带居住着有熊部落，以熊为图腾，其首领叫少典。有熊部落居于新郑西南的具茨山下姬水河畔。具茨山现改名为"始祖山"。专家从文字学角度研究，"茨"为草字头，象征着满山花草和树木；"冫"字旁，象征着姬水源自山之南北两支水源；"欠"为"人"字上面有帽，象征山上有人居住。原来具茨山在5000年前是一座山清水秀适于人居住的地方。姬水河源于具茨山，向东流经新郑市区，流入颍水，汇入淮河。

插图 5-1.1 轩辕黄帝石刻雕像

该雕像是东汉恒帝建和元年（公元 147 年）建于山东武梁祠中的黄帝石刻画像，材质为福建花岗岩。像高 4.1 米，宽 2.92 米，浮雕高 10～15 厘米，西侧仰视，黄帝坚毅刚强，似在率领先民奋斗创业；正面仰视，黄帝慈祥亲切、意境高远；东侧仰视，黄帝则欣慰自信，似在注视着炎黄子孙和神州大地。石刻雕像整体造型简洁古朴，呈现出轩辕黄帝纵观古今、令人景仰的恢宏气势。

关于"有熊"的来历，有一个神奇的传说。

少典作为部落首领箭法高超，射技惊人，他有强弩利箭，常入山林狩猎。一天，他在密林中奔走打猎，来到一树下休息。他昏昏欲睡，朦胧中觉得被人轻推，他睁眼一看，却是一只大熊立于面前。少典惊魂未定，只见大熊跪下叩头，然后摆头轻吼，眼中有泪。少典明白了意思，抬腿骑上熊背。大熊驮着他向深林走去。突然，少典感到大熊浑身战栗，放慢了步子，四处张望。大熊停在青石旁一高大的白果树下，靠着树向少典摆头示意。少典很快爬到大树上，大熊围树走了一圈叩头而去。不久，少典看到来了一群熊，那只大熊在最前面，旁边还有一只异常凶恶的巨兽。大熊率领着群熊，战战兢兢来到巨兽前，趴到地上，听从巨兽摆布。那巨兽扑进熊群，连吃两只熊。少典立即抽箭搭弓，发射三箭，射向巨兽。巨兽大吼着向少典扑来。少典对准巨兽咽喉又射一箭，巨兽倒地而死。群熊齐声吼叫，声震峡谷，一齐跪地向少典叩头，并把少典送回家。从此，少典部落遇到困难，熊都会来帮助。有一年，箕山（今河南省禹州市南）的狼部落来抢占少典部落的土地，林中有千只熊出动，帮助少典赶走了敌人。少典自此有了安全之感。他与熊为友，常向人夸耀说："我们有熊。"意思是说我们有了熊的护卫。于是，少典部落就被称为"有熊部落"，其居住地亦称"有熊"（今河南省新郑市）。

少典是个很有作为的部落首领，他的儿子黄帝更是一个划时代的英雄。黄帝之后的颛顼、帝喾、尧、舜四位称帝的部落首领均是黄帝嫡系之孙，史称"五帝"；黄帝则为五帝之首。夏、商、周三个朝代的最高统治者也都是黄帝的后代。黄帝之家，实为一个帝王之家。从少典、黄帝一直到周，延续了上千年，在人类发展史上是个奇迹；由黄帝创造的中华文明5000年延续至今从未中断，是世界文明古国中的唯一。

插图 5-1.2 黄帝诞生图

新郑轩辕故里祠的大殿内有八幅生动的彩绘，"黄帝诞生图"是其中之一，轩辕故里祠始建于汉代，多次毁修。明隆庆四年（公元1570年）修葺，祠前建"轩辕桥"一座。清康熙五十四年（公元1715年），新郑县知事许朝柱于祠前立"轩辕故里"碑一块。

新郑市有一座不高的小山，叫"轩辕丘"。据说黄帝就出生于轩辕丘，因此以轩辕为姓。《国语·晋语》说："昔少典娶于有蟜氏，生黄帝、炎帝。黄帝以姬水成，炎帝以姜水成。成而异德，故黄帝为姬，炎帝为姜。"少典与有蟜氏是互通婚姻的两个部族，黄帝与炎帝是少典的子族。黄帝发迹于姬水，炎帝发迹于姜水。清代康熙三十四年的《开封府志》载："有熊国少典之子，姓公孙，名轩辕，其母附宝，感电光绕北斗而有妊，生帝于轩辕之丘，因名……"有一天少典的妻子附宝到具茨山下的姬水河北岸的山坡上采摘野菜。突然雷雨大作，一道白光在她头顶盘旋，她昏了过去。当她醒来时，雨过天晴，星斗满天。她回到家中，感到一阵头晕、腹疼、恶心，原来她怀孕了。两年后的一天，室内紫气弥漫、云团聚集，久而不散。附宝生下一男孩，取名"轩辕"。相传，轩辕出世时皮肤是黄色的，故又叫"黄帝"。司马迁在《史记·五帝本纪》中也生动地描述了黄帝出世的情景："黄帝者，少典之子，姓公孙，名曰轩辕。生而神灵，弱而能言，幼而徇齐，长而敦敏，成而聪明。"黄帝一出世就很有灵性，会说话。他幼年聪明机敏，成年之后见闻广博，对事物看得清楚。据新郑民间传说，轩辕黄帝长大后，身高9尺，肩阔腰圆，眼睛如泉水般清亮，脑门如山峦一样开阔，胡须不长，耳朵很大。这显然是黄帝故乡人们心中的一个伟丈夫形象。

关于黄帝的诞生，还有另外一个神话故事。黄帝的母亲附宝感光而孕，生下一个圆圆的肉疙瘩，落地变大，从里面钻出一男孩，看上去有十几岁的样子，出世就能说话，落地便叫着爹娘扑向少典和附宝，并且讲述了自己的身世。原来这个孩子是天上的轩辕星下凡，轩辕星主管雷雨，是玉皇大帝的弟弟。玉皇大帝为了铲除黑风怪，曾与之搏斗。在玉皇大帝遭遇危险时，轩辕星急来解救，立了大功，玉皇大帝赐他在天宫、中宫居住，给他一条黄龙，允许他骑龙任意游玩。玉皇大帝生日这天，各路神仙前来祝贺。轩辕星提议，为祝贺玉帝大寿，应让久居天宫的众神到人间一游。玉帝答应了，但要求他们只准游玩，不准逗留。天神们来到人间，游山玩水，观尽人间美景，赏尽世上风光。众神们尽兴而归，但只有轩辕星还想继续观察了解人世间老百姓的生活。当他看到人们的苦难时，暗下决心帮助百姓改善生活。回到天宫，他向玉皇大帝与王母娘娘说明自己的想法。玉皇大帝和王母娘娘看他决心已定，勉强应允。轩辕星高兴地回到中宫，中宫正置天之中央，他从此处下落人间，正是从天中央直线而降。此时正巧是少典之妻附宝在具茨山上采集野菜，轩辕星就附在了附宝身上。突然雷雨大作，电光闪烁，自此附宝怀孕，后来生下轩辕。

虽然这一神话包含了很多佛教的影响及所附会的内容，但是黄帝是经天光感应而生的神话主题依然十分明确。

2. 轩辕桥的故事

轩辕丘旁是轩辕故里。在轩辕故里内，有一座"轩辕故里祠"。故里祠大门两旁有一对石熊，这是上古时期有熊部落的图腾。熊是很威武强悍的动物。有熊部落的人们为了表示对熊的尊重与崇拜，以熊为部落的图腾。

轩辕故里祠始建于汉代，明代隆庆年间曾重修。清代康熙五十四年（公元1715年），新郑县（今河南省新郑市）的县令许朝柱在此立石碑一尊，上书"轩辕故里"，后来被毁。故里祠的大殿里有轩辕黄帝的塑像。黄帝像面容慈祥，双目炯视远方，透露出大智大德的不凡气质。

新修的轩辕桥架在新开挖的姬水河上，桥分三座，中桥宽4米，左右桥各宽3米，长12米，为汉白玉雕装饰，栏板上浮雕双龙，柱头雕有花朵托榴，美观、典雅。有趣的是，在重新修桥挖河时，正巧挖在了原来的古河道上，原有的古轩辕桥也就显露了真容。

SERIES ON THE HISTORY
AND CULTURE OF

中原历史文化系列丛书

古轩辕桥是一座砖拱桥，宽 5.7 米，其东侧有阴刻铭文"轩辕桥"三字；其西侧拱壁阳雕有"砖户王仲，隆庆四年许州造"两列 11 字。明代隆庆四年（公元 1570 年），正是河南新郑人高拱任宰相的第二年。这位宰相探家回到新郑，于农历三月初三，由河南巡抚李邦珍、新郑县令匡铎陪同，去轩辕故里祠祭祖。这天，春雨淅淅沥沥，他们一行走到故里祠前的青石板小桥上，高拱脚下一滑，几乎跌倒。宰相的这一滑，被两位地方官记于心中。据清代顺治年间所修《新郑县志》记载，经河南巡抚李邦珍、新郑县（今河南省新郑市）县令匡铎商议，由各州府县出钱相助，造一座桥，名曰"轩辕桥"。造桥用的砖，可能是当时的许州府（今许昌）王仲募捐而得。轩辕古桥为单拱砖结构，三覆三券，拱高 1.80 米，桥拱外跨度 3.6 米，桥通长 7.6 米，宽 7.5 米，总高度为 3.6 米。此桥距今已有 432 年的历史。轩辕古桥的文化意味浓厚，桥拱肩敞开，桥面青砖白灰榫砌而成，结构坚固，均为明代原物，体现出中国古代桥梁建筑的审美风格。其建桥选址上很有讲究。此桥正处于新郑明代旧城的北城门通往轩辕故里大殿南北中轴线上，是历代官吏和百姓拜祭黄帝的必经之路。按古代一拱桥的哲学概念来理解，"一"为五行之一，"惟初太始，道立于一，造分天下，化成万物"，表明轩辕黄帝是中华始祖，"一"是最吉祥、最崇高的数字。

现在新建的"轩辕桥"与开挖的"姬水河"，正巧与原来的古轩辕桥和古河道相重叠，这里有一段趣闻。当初新郑市领导召集几位对新郑地情和历史文化了解的人士商议，欲在故里祠前挖一条象征性的"姬水河"，河上修一座桥，取名"轩辕桥"。有位老先生说据传古代这里就有河和桥，还有这样一首歌谣：

> 轩辕丘前有条河，九百六十三丈多。
>
> 有天轩辕把河过，飞来青龙把他驮。
>
> 青龙桥有夜明珠，照得南蛮睡不着。
>
> 南蛮派来两个人，盗走宝珠扔下河。

歌谣中的"南蛮"指以蚩尤为首领的九黎部落。这个强悍的部落曾侵犯抢掠过黄帝的地盘，后来黄帝打败了蚩尤，夺回了属于自己的财物。听了这个歌谣，负责扩建工程的领导认为，歌谣不会是无稽之谈，不妨一试。于是，在规划建桥时，做了一番实地勘察。根据大家的回忆，他们找到旧村的轩辕丘旧址的位置，用步代尺，丈量了 90 多丈的距离，也就是距故里祠前十多米处，作为开挖点，考古队用探铲深探，果然挖出一座古桥与古河道。这座桥就是传说中轩辕黄帝走过的"轩辕桥"，消息一时传遍全城。人们说，现在重修扩建黄帝故里是顺天意，是黄帝显灵了。

插图 5-2.2 黄帝故里古轩辕桥

轩辕古桥位于新郑市轩辕故里山门南，通长 7.6 米，宽 5.7 米，总高度 3.6 米。桥东拱壁阴刻篆书"轩辕桥"竖排三个大字，桥西拱壁阳雕"砖户王仲，隆庆四年许州造"两列 11 字。此桥为明代穆宗隆庆四年（公元 1570 年）许州（今河南许昌市）王仲募建，距今已 432 年。桥面青砖白灰榫砌而成，结构坚固，均为明代原物。此桥正处于新郑市明代旧城北城门通往轩辕故里大殿南北中轴线上，是历代官吏及百姓朝拜黄帝的必经之路。按古代一拱桥的哲学概念："'一'为'五行'之一，'一'，惟初太始，道立于一，造分天下，化成万物。"表明轩辕黄帝是中华始祖。

不过，现在开挖的“姬水河”是象征性的，有纪念的意思，黄帝时的姬水河不在这里，而是在新郑市南10公里处，发源于具茨山。具茨山今改名为“始祖山”，它流经新郑市的南部，蜿蜒汇入淮河。姬水河的形成，也有一个美丽动人的传说。

天上有个轩辕星。为了拯救和繁衍人类，玉帝派轩辕星下凡到有熊国做首领。轩辕星离开天宫时，却牵动了天宫里一位爱慕轩辕的宫女之心。她不顾天规，私自下凡，投胎到具茨山上白龙潭之旁的一王姓人家，取名玉姬。有一年此地遭大旱，河水断流，禾苗枯死。玉姬焦急万分，为救百姓，到天宫偷了一面天鼓。此鼓一擂，天就下雨，河中水满；若敲鼓帮，则雨停河水落。玉姬非常担心被发现，就在山上白龙潭边悄悄擂鼓，白龙潭的水顿时暴涨。玉姬忙把水引向山下，形成一条河流。玉姬又敲敲鼓帮，让水流小一些，不致漫流成灾，使其常流不断。于是，具茨山下就有了这条清澈的河流。后来，人们为了纪念玉姬，起名为姬水河。据史书记载，黄帝本姓公孙，但因他在姬水河畔长大，并发迹于此，做了有熊国国君后，把公孙姓改为了姬姓。

3. 阪泉大战

根据史料记载，5000多年前，以黄河中下游为中心的中原地区，氏族林立，有着大大小小上万个部落。其中最强大的有三个：炎帝率领的神农部落、蚩尤率领的九黎部落、轩辕率领的有熊部落。这个时期，社会处于新石器的晚期，正是母系社会逐步向父系社会转化并接近完成的时代，也是社会大变革的时代。

以炎帝为首的神农部落都于陈丘（今河南省淮阳）。炎帝带领自己的氏族，在渔猎生活转向农牧生活的过程中逐渐强大。他们掌握了原始的农牧业生产技术，积蓄了赖以生存的粮食，具有一定的经济实力。当时部落之间不断发生摩擦，甚至互相侵犯掠夺，侵占土地，抢劫财物，掳杀人口。炎帝与蚩尤为首的九黎部落爆发了一场争夺土地的战争。

相传，蚩尤兽面人身，十分凶恶，手下有81个兄弟，各有奇能异技，神通广大。

插图5-3.1 炎黄二帝山体雕像

黄帝与炎帝两部落联盟。阪泉之战，炎帝败得心服口服，甘愿称臣，确立了黄帝的领导地位，形成了部落联盟新型联合体的雏形，对开启中华文明史、实现中华民族第一次大统一有重要意义，促使中国政治制度发生具有划时代意义的历史变革。

炎蚩大战的结果是炎帝兵败陈丘，走栾川（今河南栾川县），到渔池（今河南渑池县），蚩尤紧追不舍。炎帝退到阪泉（今河北省涿鹿东南），停下休整，调整战略，准备攻打以新郑为根据地的黄帝有熊部落，欲得中原，称雄天下。

中国最早记载炎帝、黄帝诞生地的《国语·晋语》载："昔少典娶于有蟜氏，生黄帝、炎帝。黄帝以姬水成，炎帝以姜水成。成而异德，故黄帝为姬，炎帝为姜。二帝用师以相济也，异德之故也。"作为哥哥的黄帝得知后，马上做出反应，同风后、常先等大臣共商对策。黄帝分析了敌我形势，认为可前去招服炎帝，兄弟和好，以安定天下。

可是，黄帝招服炎帝，炎帝不服，还仗着自己的部落人多势众，常侵掠其他部落。那些受侵扰的部落，去求黄帝出面制止炎帝的行为。黄帝本来就对炎帝六亲不认很气愤，现在又听到受侵扰部落的"投诉"，决定全力解决问题。

于是，黄帝在自己的部落内更积极推行德政，同时，大力备战，训练士兵，鼓舞士气；号召人民种好庄稼，积蓄粮食。并且积极安抚四方受炎帝部落之害的部落，团结他们共同与炎帝做斗争。

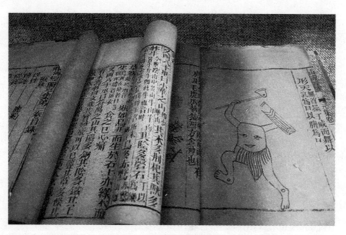

经过长期的准备，黄帝亲率5000大军，战车300辆，由常先、大鸿等大将护驾，浩浩荡荡向炎帝部落奔去。两个部落的士兵在阪泉（今河北省涿鹿县东南）相遇了。黄帝部落的士兵手握干戈，驱赶着熊罴虎豹，冲向炎帝部落。炎帝部落并不示弱，勇猛迎战。然而，此时的炎帝已是元气大伤，正处于低谷。经过三次激战厮杀，黄帝部落三战三捷，炎帝退回城中不敢出战。黄帝包围了阪泉，并派将军大鸿再去劝说炎帝归顺。炎帝深感黄帝力量强大，认识到归顺是光明之路，就答应了黄帝的要求。黄帝大喜，亲自到邛山脚下，迎候炎帝。炎帝率领兵将，从阪泉出发，渡过黄河，与黄帝会面。黄帝表示欢迎，并宣布盟约，誓师共同讨伐凶敌蚩尤，为炎帝氏族报仇雪恨。

炎帝虽然是黄帝手下的败将，但他从心里并不甘心。他部族的人更是如此，总想伺机报复，给族人出口气。而刑天的作为集中体现了他们的愿望。

刑天，是炎帝手下一个管理农业的官员，他不但能管理好农业，还善音乐，懂乐器。曾奉炎帝之命作《扶犁》之乐，春天到了，他就吹奏这首乐曲，来提示督促大家去播种谷物；也曾作过《丰年》之歌，秋天到了，他又唱起赞歌《丰年》，教大家快去收割庄稼。但是，自从炎帝部落被黄帝打败之后，刑天看到的是本部落人民的屈辱；他感到的是郁闷和惆怅；他要做的是有一天洗刷失败的耻辱。

一天，黄帝部落的首领带人外出巡游，大队人马到了炎帝部落，察看那里生产

70

插图 5-3.2 山海经

刑天是神话传说中一个没有头的神。在甲骨文和金文的记载中，刑天为一人形符号，为氏族部落的图腾象征。刑天原本是华夏族无名神祇，被断首后才被称作"形天"。据《山海经》："形天与帝争神，帝断其首，葬之常羊之山。乃以乳为目，以脐为口，操干戚以舞。"形，通"刑"。

和生活情况，了解部落人失败后的情绪。刑天知道后，怒不可遏，跑过来愤怒地责问那位黄帝部落的首领："为何要杀害我部落的人，抢占我们的地盘。"并表示一定要伺机报仇。那位黄帝部族首领看到刑天如此傲慢无理，十分恼怒，下令把刑天杀掉了，把他的尸体抛到了常羊山上。

"刑天舞干戚，猛志固常在"（晋人陶渊明诗《读山海经》）。刑天被斩首了，埋到山上了，然而他没有倒下，他的两乳变成了双眼，肚脐变成了嘴，手拿叫作"干戚"的盾牌和斧钺，跑出来，继续向黄帝部落示威，誓与黄帝部落抗争到底。

然而，刑天的"猛志"阻挡不了历史大趋势的脚步，炎黄二帝终结联盟，为中华文明的发展奠定了基础，"炎黄"成了华夏民族的共同祖先。

黄帝统一天下之后，经常到各地访察，了解民情。据《史记》记载，黄帝向东到过东海之滨，登上过凡山和泰山；向西到过崆峒，登上过鸡头山；往南到过长江，登上了熊山和湘山；往北驱逐了獯鬻部族，到过釜山。他的足迹几乎踏遍了黄河上下、大江南北的山山水水。

4. 嫘祖养蚕制丝

传说黄帝一生娶有 4 房妻室，她们是嫘祖、方雷氏、彤鱼氏和嫫母。他有 35 个儿子，元妃是嫘祖，黄帝与嫘祖的爱情故事颇为浪漫。

有一天，黄帝与大臣常伯外出巡察，他们来到一大山里，看到一片桑树林。林中有一名采桑女子，身穿金色彩服，闪耀着轻柔、温和的金光。那女子身边有一堆蚕茧。黄帝就问那位少女身上穿的是什么，少女就说了自己从发现蚕到植桑养蚕，最后抽丝织绸的事情。

少女称自己自幼生活在这里。有一天，看到桑树上有一种吃桑叶的小虫，就开始留心观察。经过一段时间，她发现小虫身体最小时，是黑皮，7 天之后脱一层皮，但身体却比原来大了一倍；又过 7 天，再脱一层皮，身体又长大一倍。五七三十五天之后，小虫的身体已长到两寸长。再过 7 天后，小虫变得成熟了，从嘴里吐出丝来，且越吐越多，边吐边把自己的身子网进去。又过了几天，里边的小虫咬破了网壳钻了出来，小虫变成了飞蛾，又开始繁殖后代。她把那网壳泡在水中，几天后竟然能拉出细丝。后来，就用这些细丝编织成布，可以做衣服。这小虫叫蚕，那网壳叫茧。

黄帝听了，深感养蚕抽丝织绸能让人民穿衣御寒，于是便打算让她教自己部族的百姓养蚕抽丝，织绸缝衣。而此时的嫘祖也被黄帝魁梧的身材、文雅的举止所吸引，产生了爱慕之心。黄帝与嫘祖的心意被常伯看透，于是就说服了嫘祖，把她带回了有熊。黄帝召集官员，请嫘祖教养蚕抽丝的方法，但嫘祖却一言不发。常伯上前问原因，嫘祖说自己是一民女难以说话。常伯马上明白了这位少女的心意，即向黄帝提议，应将嫘祖选为妃子。这正合黄帝的心意，而且大家都认为嫘祖符合选妃条件。于是，选定在 6 月 6 日，万物勃发之时，黄帝与嫘祖成婚。黄帝和嫘祖结为夫妻，开了族外婚的先河，是人类婚姻史上的一大进步。

嫘祖，西陵氏（今四川省的盐亭县）人。从巴山蜀水到中原大地，记载嫘祖事迹的史料很多。嫘祖从四川故乡远嫁中原，为人类文明做出了贡献，中原人民对她有着深厚的感情。嫘祖是我国最早的养蚕人，历史上认为她是中国古代杰出的女性代表，历代王朝都设先农坛祭祀她。北周以后敬奉她为"先蚕"，即蚕神。《史记》载："黄帝居轩辕之丘，而娶于西陵之女，是为嫘祖。嫘祖为黄帝正妃。"唐代伟大诗人李白的老师赵蕤所题唐《嫘祖圣地》碑文记载："嫘祖首创种桑养蚕之法，抽丝编绢之术，谏诤黄帝，旨定农桑，法制衣裳，兴嫁娶，尚礼仪，架宫室，奠国基，统一中原，弼政之功，殁世不忘。是以尊为先蚕。"因为她教民养蚕制丝，织帛做衣，所以，人们尊称她为"蚕丝鼻祖"。

有关嫘祖发现养蚕抽丝的伟绩还有个传说。黄帝带领大家发展生产，种五谷，驯养动物，冶炼铜铁，制造生产工具，嫘祖则负责做衣制帽。嫘祖领导 3 个人，分工明确：胡巢做帽子，伯余做衣服，于则做鞋，而自己负责提供原料。嫘祖工作很有成效，不长时间，各部落的大小首领都穿上了衣服和鞋，戴上了帽子。可是，嫘祖劳累过度病倒了。她茶饭不思，一天比一天消瘦，大家焦急万分。

一天，几个女人悄悄上山要给嫘祖采摘些野果吃。她们一早进山，跑了许多地方，都没找到可口的果子。天快黑的时候，她们来到一片桑树林里，突然发现满树结着白色的小果。以为是好鲜果，怕天黑有野兽，急忙摘满筐子，匆匆下山。

可是，回去一尝，这种白色小果没味道；用牙一咬，咬不烂。有人说煮一煮也许能吃。这提醒了几个女子，就把白色小果倒进锅里，加水煮起来。有一个女子随手拿起一根木棍，插进锅里来回搅动，搅了一阵子，拉出木棒，看到木棒上缠着很多白线，细如发丝。大家很奇怪，接着再把木棒放锅里继续边搅边缠，不一会白色小果全部变成雪白的细丝线。她们拿着缠满白细线的木棒给嫘祖看，并把经过讲了一遍。嫘祖聪明，又爱动脑子，看到这白色的细线晶莹夺目，非常柔软，高兴地对她们说，这不是能吃的果子，一定有大用。

自此，嫘祖终日琢磨这种白细线，她的病情也渐渐减轻。病好之后，她亲自带领妇女们上山察看，嫘祖等人在桑树林里观察了好几天，最后终于发现，这种白色小果是一种虫子口吐细丝绕织而成的，并非树上的果子。她把此事报告给黄帝，要黄帝下令保护山上的桑树林。中国的栽桑养蚕史从此开始。嫘祖搜寻野蚕进行家养，发明抽丝制衣，为人类从愚昧走向文明做出了重大贡献。后人为了纪念嫘祖这一功

72

ANCESTOR

问祖

插图 5-4《纺车图卷》（北宋王居正绘制）

此画是北宋风俗画，烘托出古代"农家乐"的和谐气氛。此画以横卷形式描绘二农村妇女大树下纺纱场景。以怀抱婴儿哺乳、左手正摇纺轮的村妇为中心，她衣缀补丁，坐于小板凳，注视着对面老妇。老妇疏朗静谧，身体干瘦，满脸皱纹，眼窝深陷，双手拉线团，身体微躬，目视前方，看着纺车。其身后的孩童持短竿系蟾蜍玩耍，前面黑犬张嘴吠叫。画面背景简略，两棵老树盘根错节，柳叶垂挂，点点青草，两条纱线，若有若无，巧妙地把整个画面连接，显得安静自然。画家对人物纺线和纺车的精刻画，真实再现了宋代村农生活，对研究我国古代纺车结构和纺织技术，有很重要的史料价值。画家张大千曾收藏此画，并题跋："居正此图，俨然唐画风格，与顾闳中夜宴图可方驾也。"称赞其可与顾闳中的《韩熙载夜宴图》媲美。

绩，尊称她为"先蚕娘娘"。

黄帝元妃嫘祖生子名叫昌意，居于若水。昌意娶蜀山氏女昌仆，生子叫高阳。高阳就是在黄帝去世后继位的颛顼，为"五帝"之一。嫘祖不但聪慧勤劳，发明创造养蚕抽丝，而且爱好远游。传说，一次嫘祖南游至衡山，在途中死去。后人尊她为"道神"，是道路上赐福的神。

黄帝的次妃叫女节。一次，女节梦中看到一颗如虹的流星，向一个水中小岛落去，女节心中激动，生下一子叫玄器。玄器生子叫蟜极，蟜极生子名高辛，高辛就是后来"五帝"之一的帝喾。三妃名彤鱼氏，生子名夷鼓。四妃却是一位史册留名的特殊人物。

黄帝爱女人不以貌取人，重在德才。四妃嫫母的长相有点另类，传说，嫫母额头如锤子，鼻梁下塌，脸色黝黑，体壮形粗，是位极为丑陋的女子。可黄帝认为她心地善良，行为端庄，诚恳对人，无私念邪念，便纳她为妃。嫫母勤劳有智，在元妃嫘祖养蚕抽丝织帛中，嫫母是她的得力助手。嫫母不光是助手，也有自己的发明创造。

嫘祖组织一大批妇女上山采桑养蚕织丝中，遇到了一个难题，养了很多蚕，收了许多茧，但抽丝和织帛，不但需要辛苦地劳作，它的技术要求也很高。嫫母一再琢磨，终于发明了缠丝线的拐子、织帛机等工具。有了这种缠丝和织纫的工具，工作起来快而省力，提高了工作效率，得到了黄帝赞赏。黄帝认为嫫母的技术有功于民，非常推崇。嫘祖与嫫母相处亲如姐妹，当元妃嫘祖死于途中，送葬时，由嫫母充当方相氏（先导神）走在前面赶鬼。嫫母有非凡的组织能力，黄帝令她管理后宫，并授她"方相氏"的官位，并用她奇特的相貌来驱邪。

自南朝宋元嘉年间以来，历代都设先农坛，祀嫘祖为"先蚕"，嫫母为"先织"。

5. 涿鹿之战

黄炎联盟激起了东方九黎族首领蚩尤的愤怒。

相传蚩尤是上古时代九黎部落的领袖，他领导的部落蚩尤活动于今河北、山东、河南及安徽北部一带，今河北涿鹿为其根据地，以此称霸东方。蚩尤有4只眼，6只手，人身牛蹄，头有犄角，异常锐利，鬓毛硬如刀剑。他有81个兄弟，个个人面兽身，铜头铁额，长有8条胳膊，9个脚趾，面上有各色花纹，能吞沙吃石。蚩尤带领部族常常依势欺小。特别是他们打败了炎帝神农部落之后，更是趾高气扬、不可一世。后来蚩尤部落盘踞于涿州，虎视眈眈欲进兵中原。黄帝感到蚩尤的威胁日益严重，蚩尤不灭，有熊无宁日。但黄帝深知蚩尤的九黎部落非同一般，不可轻视。轩辕黄帝同炎帝神农立即投入了备战状态。

黄帝在备战中很重视选拔人才。有这样一个传说：有天夜里，黄帝梦见狂风突起，大风停止后，满天的尘垢一扫而净。还有一次，黄帝梦见一大汉，身躯魁梧，手握千斤重弓，驱赶着上万头牛羊。黄帝反复寻思梦中所见，大风刮去尘垢，"垢"字去"土"是"后"字，应该有一个叫"风后"的人。梦中那个力大无比的放牧牛羊的人，应该有一个叫"力牧"的人。黄帝就按照这种推断，开始寻找想象中的"风后"和"力牧"。他翻山越岭，涉水渡河，在一个满天飞雪的冬季，来到襄城（今河南省襄城县）。一时风雪迷漫，他迷失了方向，又冷又饿。突然有一个小孩牵着一匹马向他走来。他上前问路，照小孩指点，来到东海之滨，这里果然有个人叫"风后"。后来他又到了云梦泽畔，在那里找到了大力士"力牧"。黄帝将二人收入麾下，成为他手下的猛将。

有一天，黄帝把大将巨灵氏找来，让他驯养猛兽怪鸟。巨灵氏训练的鸟兽能通人性，听从指挥，体染五色，十分凶猛。黄帝把军队按虎、豹、熊等猛兽的名字分成若干队，各队的领队将军也分别披上虎、豹、熊的兽皮。这样，就能在战场上借猛兽之威壮自己之力，以造声势而震慑敌人。

与此同时，他们加紧制作各种武器，磨制石刀、石斧，制造舟车。黄帝到处宣传自己的"德治"，大讲顺德、信义、仁智主张，他的修德治天下和顺天行事的道理得到部族人的理解。人们明白了黄帝将要发动的战争是义战，应该支持。

万事俱备，只等出征。经一位神秘的老人华盖童子的指点，选定了3月3日为出征吉日。于是，在这一天，黄帝率领强将精兵10万大军，浩浩荡荡从具茨山出发北上，向蚩尤的据点今河北涿鹿县境进发。

黄帝与蚩尤涿鹿大战，史书多有记载，民间传说也更为具体生动，更为精彩。

黄帝军中的风后和常先两个大将配为"上台"为主攻，天乐和大鸿将军配为"中台"左攻，五圣

插图5-5黄帝战蚩尤帛画（局部）

蚩尤图是长沙马王堆出土的汉墓T形帛画（局部）。马王堆一号墓T型西汉帛画，以神话与现实、想象与写实交织而成的诡异绚烂场景为构图，极具文化内涵，为我国现存最早的描写西汉当时现实生活的大型作品。制作精美、色彩鲜艳、线条流畅，充分反映了汉初绘画艺术的风格和成就。

和大隗将军配为"下台"右攻，太上和应龙将军为黄帝保驾，巨灵氏将军带猛兽雕鸟殿后。全军分为三路，主攻大军由邙山口渡过黄河，取道太行山东麓北上；左攻大军从济阳渡过黄河，走济源北上，沿太行山之西进军；右攻大军在开封渡过黄河，走平原而北上。

此时的蚩尤自战胜了炎帝之后，更加不可一世，一心要称雄中原。他带领兵将操练各种绝招以适应多种战法。经过训练，他的将士登山如履平地，腾空起落自如，举动神出鬼没。

黄帝率兵压境向蚩尤宣战。蚩尤应声出战。黄帝一看蚩尤，果然相貌狰狞，装束诡异怪诞，令人生畏。黄帝雄才大略，知道强攻不行决定智取。刚一交手，黄帝佯装败退，向后飞跑撤军。蚩尤不知是计，猛追快赶，进入了黄帝设于树林深处的埋伏圈。黄帝一声号令，巨灵氏立即指挥猛兽出击。只见虎豹熊罴进退有序，张牙舞爪，咆哮着猛扑狂咬。蚩尤的军队一时大乱，自相践踏。蚩尤立即拿出绝招，作起大雾。黄帝的将士们被大雾迷漫，不辨方向，看不清敌人，多有失散。黄帝命令风后想法退敌。风后根据天上北斗星制造出指南车，为士兵指示方向，猛攻敌人。

蚩尤仗着武艺高强的 81 个兄弟，顽强应战，一时难杀难破。

激战之时，黄帝早先结识的"飞刀玄女"前来助战。玄女放出飞刀，百发百中，蚩尤的兄弟有半数以上被飞刀刺伤了眼睛。蚩尤部霎时军心大乱。黄帝乘机指挥将士冲杀过去。蚩尤见大势已去，带着残兵败将向南逃去。黄帝率军乘胜追击，一鼓作气，直追到冀州，将蚩尤团团围住。蚩尤大将夸父自恃勇猛，挥起大刀，狂呼怪叫地反抗。黄帝大将应尤迎头上前杀死了夸父。蚩尤见状大呼一声，率领残兵拼死向外冲，狼狈南逃。逃至冀中被风后追上，捉住蚩尤，押到凶黎山谷，刀劈身亡。蚩尤所领导的九黎部落归服了黄帝。九黎部落的一些残部从中原南逃到南方海边和海岛，成了后来南方民族的祖先。

黄帝擒杀蚩尤，是中国传说时代极其重要的历史事件。黄帝胜利之后，一统中原，成为华夏正统，奠定了华夏民族的根基。

6. 建都有熊

黄帝与蚩尤涿鹿一战，中原一带各部落都归服了黄帝。黄帝在阪泉之战、涿鹿之战等大大小小的 52 次战斗中，修德振兵，显示了他政治上的雄才大略和出色的军事才能。他收服炎帝，平定蚩尤，联合万氏部落，取得民心。这应该是中华民族历史上最早的最成功的"统一战线"。他用人唯贤、厉兵秣马、巧布兵阵，是杰出的军事家。黄帝威名远振，成为万氏部落首领。黄帝统领胜利之师回归故里，诏告天下，在西泰山（今新郑市龙湖镇）大会各部落首领，达数千之众，定都有熊（今河南省新郑市），建立了中华民族历史上的第一古都。今天在新郑市北入口处，有一座石碑，上书"中华第一古都"几个大字，闪烁着中华文明的光芒，招引着寻根问祖者的脚步。相传，黄帝于甲子元年（公元前 2697 年）二月初二正式登上天下共主的地位。现在中国民间所说的"二月二，龙抬头"就源于此。

黄帝登上万氏部落共主之位后就着手统一各部落的图腾。那时人们对各种自然现象不能充分认识，把天上的日月星辰，空中的风云雷电，地上的万事万物，甚至包括人类自身的各种器官，都认为是神灵而加以崇拜、敬奉。每一部落选作一种认为与自己氏族有血缘关系的动物或自然物作为部落的标志和象征，把它看成是"守护神"，让大家来供奉和崇拜，这就是人类社会早期的"图腾崇拜"。大多数部落选取的是虎、豹、熊、狼、蛇等凶兽猛禽作为图腾。当一个部落被别的部落所兼并，或以某一种方式和一个或几个部落融汇联合，就把双方或多方的图腾加以协调和重组，构成一种超越原来图腾之上的新图腾作为新标志。这种新图腾往往不再是某种具体的实物，而是成了一种虚拟性的具有多种特性的综合性的特殊物种。这种"似是而非"的图腾物象更符合人们的精神需求，那种虚拟而显示的神灵光环，更能满足人们的崇拜需求。

黄帝召集部落首领聚于有熊，除了决定设都定主等大事外，还有一个重要内容，就是商讨和设计新图腾。

SERIES ON THE HISTORY
AND CULTURE OF
CENTRAL PLAINS

中原历史文化系列丛书

各部落原有图腾各有特点。例如中原一带的熊图腾，西南一带的虎图腾，南方的蛇图腾，东方的鱼图腾，西北一带的猴图腾，东北一带的狮图腾等等。在决定黄帝新的部落联盟图腾时，许多部落首领提出采用自己的图腾。黄帝认为，不论用哪一个部落的图腾，都会伤害其他部落的崇拜对象，包括原黄帝有熊部落的熊图腾。胸怀博大的黄帝经过深思熟虑，提出一个新的方案：新图腾取蛇作为主体形象，蛇身上的鳞，可用鱼鳞来装饰；蛇头换成狮子模样的头，头上有鹿角；蛇要有爪，为鹰爪；蛇尾不变，仍用蛇尾。这是一种全新的动物组合形象，它包含了许多部落原有图腾的因素。为什么要"蛇"为主体形象呢？原来黄帝母族的图腾即是蛇图腾，黄帝的母族蟜氏的"蟜"，即是"蛇"的意思。新图腾上能腾空飞翔，下可水中游行，在地面上又能抓人取物。大家看到这个新图腾，都很满意，取名叫"龙"。黄帝选择了二月初二，各部落首领登上始祖山，在山顶举行了隆重的"升旗仪式"。

从此，"龙旗"就从中原大地上竖立起来，一个民族从这里站了起来。农历二月二日作为一个节日传承了下来。老百姓说"二月二，龙抬头"，标志着春雨普降，大地复苏，万物萌发。

应该说"龙"是我们的祖先以蛇为依托所创造的一种艺术形象。那时，人们在采猎时，常遭到蛇的袭击，又束手无策，由此产生了恐怖。由对蛇的恐怖发展成为视蛇为神灵。许多自然现象也能从"龙"身上找到答案。例如天上的闪电，那瞬间弯曲的白光，人们认为是龙的现身；闪电过后的隆隆雷声，人们把它想象成巨龙行走的声音；下雨，则认为是龙喷洒的水滴。那些成就非凡、众望所归的人物，最后的归宿，也是"乘龙升仙"。而罪孽深重的人往往要遭雷击龙抓的报应。自黄帝树起

插图 5-6 黄帝像（明刻《历代古人像赞》）

传说黄帝是远古时代华夏民族的共主，五帝之首。他以土德为王，土是黄色，所以叫黄帝。被誉为华夏"人文初祖"。此图出自明朝弘治年间辑刻的我国最早的肖像版画集《历代古人像赞》。

龙旗始，5000年来，中华民族信龙、爱龙、崇龙、敬龙，渐渐汇聚成一股强势的思潮。传说人类始祖伏羲氏和女娲氏都是人面"蛇"身，也就是"龙"身。大禹治水是由"龙"相助，才疏导的洪水。过去，老百姓遇大旱要跪拜求龙降雨。"龙"又成了权威的象征。历代封建皇帝都自称为"真龙天子"。他们办公的地方叫"龙廷"，穿的衣服叫"龙袍"，坐的椅子叫"龙椅"，他们的后代也荣耀地称为"龙子龙孙"。若是"龙颜"一怒，就有人会头颅落地，家族就会飞来横祸，甚至国家要遭殃。

龙的发展、变异、升华，逐渐成了中华民族的象征。龙身上浓缩了炎黄子孙的期望和信仰，积淀了中华民族的思想和感情。龙像一个巨大的光环，笼罩在华夏上空；龙是至高无上的神灵，活在炎黄子孙的心中。"龙的传人"成了炎黄子孙的崇高桂冠。

黄帝高举龙旗，建立国家律制，整顿内治，设置行政区，把所管辖区域划分成九州：中州、冀州、辽州、陕州、蜀州、湘州、越州、泸州、齐州。黄帝居中州，"中州"之名沿用到今天。在各州分封诸侯，诸侯之下又划分为师、营、丘、井等上下

共六级政权组织，分别营造自己的宫室，兵权集黄帝一身。黄帝衣服染成五彩衣纹，以示官民区别。这应该是我国最早的"衣冠等级制"。

黄帝统一万氏部落，结束了上古战争。以中原为中心的华夏大地，出现了安定的局面，创造了我国古代的第一个"太平盛世"，长达300年。

7. 拜"农技师"后稷

炎帝创造和发展了原始农业生产。黄帝统一各部落之后，总结了炎帝神农氏时代的生产经验，大力发展农牧，把农业作为根本。

人类从脱离动物界起，就有求生存、求发展的鲜明思想。但毕竟是处于避死求生的原始状态，这个蒙昧阶段，集中体现在采集和狩猎为生存、生活方式中。炎帝神农氏的伟大，就在于他把人类从采集的蒙昧状态引向了原始的农耕文明，改变了人类的生存基础，为人类的繁衍生息提供了有保障的物质条件，人们的生活来源转移到以农耕收获为主。炎帝神农氏是"教民农耕"的始祖。而黄帝是在炎帝神农氏农耕的基础上，创造条件，进一步发展了农耕生产。原始农耕最突出的方法是"刀耕火种"。"火种"就是采用"火烧"的方法除去杂草和林木，甚至烘干沼泽来开辟土地。有了土地，还要解决水的问题，黄帝千方百计地带领百姓寻找水。有了土地和水，还要掌握一定的农耕方法和技术。黄帝为了提高耕种的水平，做出了不懈的努力。

当时有一个会种百谷懂农耕技术的人，叫后稷。后稷，又叫"弃"，是4000多年以前上古时期的农业创始人。后稷是黄帝曾孙帝喾之妃姜嫄所生。尧帝封他为农官。舜帝封他为"后稷"，其功勋与帝王相当。后稷善于种植多种粮食作物，被尊为"百谷之神"。后来，人们出于敬仰和爱戴，便尊称弃为"稷王"。后稷不仅种植五谷能获丰收，而且有春播、夏管、秋收、冬藏等农事活动经验，开创了农耕。周族奉他为始祖，认可他为最早种稷和麦的人。民以食为天，中国历朝历代的帝业，粮食是其根本，都把农业生产作为千古不朽的伟业，所以几千年来，人们称自己统治的天下为"江山社稷"。

相传黄帝为兴农事急于见到此人，向他学习耕作的方法。他打听清楚后稷的相貌特征、居住的方向，便带着常伯去寻找。二人向西寻去，一座高耸的大山挡住了去路。二人向山顶攀登，鞋磨破了，脚流血了，终于到达了山顶。放眼望去，山川壮丽，湖泊清亮，满山翠绿。他们突然发现，在山脚下，有缕缕炊烟升起，二人急忙下山。山下地势平坦，屋舍座座。他们看见一群男女正围在一起吃饭。吃饭的人

插图5-7 后稷画像（明代人绘制）

后稷名弃，之所以名"弃"，因他曾三次被抛弃。第一次被弃于隘巷中，牛羊不踩他；第二次被弃于树林里，伐木的人抱回；第三次被弃于寒冰上，一群大鸟张开翅膀覆盖保护着他。弃经这样严峻的磨难而不死，人们都认为是神异式的人物，长大后在氏族中威望很高，尧帝举他为"农师"，帝命他为"后稷"。《诗经·生民》中记载了这种弃子仪式："厥初生民，时维姜嫄。生民如何，克禋克祀，以弗无子。履帝武敏歆，攸介攸止，载震载夙，载生载育，时维后稷。"

见有陌生人前来，便一哄而散。不一会儿他们又都返回来，或手执木棒，或手拿器械，充满敌意地包围了黄帝、常伯。黄帝忙上前解释，说明是来求师学农的。这时，一老者到来，询问了详情。老者满头银发，神采奕奕，非同凡人。黄帝断定老者就是自己要找的后稷，便上前询问。果然，此人正是后稷，并对他的到来表示热情欢迎。黄帝发觉后稷眼中似有难言的悲伤，问其原因，后稷讲述了自己的遭遇。原来这里百谷生长，百姓安乐，但却出了两个怪兽，一怪兽壮如大猪，满身黄皮，叫声如婴儿啼哭。若怪兽大声一吼，洪水就会涌来，毁坏田地，淹没庄稼。另一怪兽形如大鱼，身有双翅，声似鸳鸯鸣声。它一出现，田地干裂，禾苗枯死，颗粒不收。

黄帝和常伯听完后，十分同情后稷，就邀他到中原去，与黄帝部落联合。后稷非常感动，就率村民随黄帝到了具茨山下。后稷看中原地势平坦，土质疏松肥沃，姬水河河水清澈，是种植谷物的好地方，于是就在这片土地上开垦土地，整修庄园，培植百谷，并把自己的农耕技术教给了中原广大百姓。

8. 开创冶炼术

在学习农耕技术时，黄帝还采矿炼铜，开创冶炼术，制造了农具。黄帝在发展农耕的同时，驯养野生动物。《易经》说："黄帝服牛乘。"也就是说，黄帝驯养的牛可用于农耕，可作为交通工具。黄帝的创造，发展了原始畜牧业。

黄帝用铜不只制造农具，为了给族人治病还铸了一尊大铜鼎。据传，黄帝采首山之铜，在荆山下铸鼎，用这尊鼎可以炼出能治病的"丹"。冶炼铸造是黄帝的一项大发明，是人类从蒙昧走向文明的一个重要标志。

今新郑市裴李岗遗址出土了8000年前一尊"三足陶鼎"，印证了中国最早的鼎出自新郑上古先人之手；时过3000年后，黄帝铸造出了铜鼎。今天新郑人又仿制出一尊大鼎，安放于黄帝出生的地方，被称为"天下第一鼎"。此鼎腹有九龙，象征黄帝高举龙旗，划天下为九州；龙头上镶有宝珠，象征着九州光芒。鼎上的熊图案，寓意着黄帝部落的图腾，也是黄帝统万部立都有熊的象征。在宝鼎的四周安放着8个小铜鼎，分别有8个方面的褒义：爱鼎、寿鼎、财鼎、仕鼎、安鼎、丰鼎、智鼎、嗣鼎，八鼎分别代表爱情、长寿、财运、官运、平安、丰收、智慧、子嗣，几乎涵盖了中华民族5000年来所有的希望和心愿。

9. 乐师伶伦

黄帝有一个管理家庙和主持祭祀的官，叫伶伦（一作泠伦），"伶"，是官职的称谓，"伦"，是他的名字。他是黄帝的"乐官"。《吕氏春秋·古乐篇》上说他是中国乐律和乐器的发明者：黄帝命令伶伦制定音律。伶伦接受了任务之后，从大夏山之西，到昆仑山之北，在溪谷找到一根竹子，这根竹子中空且厚薄很均匀。

伶伦从两节之间断开，做成长三寸九分的竹管。他放在嘴上吹响，定其律为"黄钟"，其音为"宫"音。他马上又取11根竹管，共12根竹管，他一边吹响竹管，一边听凤凰鸣叫，来校正竹管的声音。最后，他制定了"十二律"，作为音高的标准。同时，伶伦定出了音乐中的5个音名，这就是"宫、商、角、徵、羽"，称为"五声"。伶伦又用8种材料制成8种乐器，并为其命名：用土制的叫"埙"；用匏制的叫"笙"；用皮革做的叫"鼓"；用竹子做的叫"管"；用丝制的叫"弦"；用石做的叫"磬"；用金属做的叫"钟"；用木材做的叫"柷"。8种乐器，称之为"八音"。

为了能让乐器奏出更美妙的乐曲，黄帝又令伶伦铸12个编钟。12个编钟的音高，与十二律相配合。这项创造是伶伦与另一乐师荣将合作完成的。

黄帝听到伶伦的汇报，非常高兴。黄帝选一个吉日，要开一个"音乐会"，把大臣们都召集来，欣赏音乐。"音乐会"开始了，伶伦敲击编钟，8种乐器巧妙组合，乐器的音高用十二律统一调整，于是，一首悦耳动听的乐曲演奏出来了，在场的大臣们聚精会

插图5-9.1 陶乐舞俑（唐代）

这组乐舞俑的造型或跪坐或盘坐，分别持笙篌、拍板、横笛、排笙、琵琶、箫等乐器，作演奏状。唐代宫廷的表演艺术容纳了中外许多民族的乐舞，唐高宗将乐舞统编为"坐部伎"和"立部伎"。"坐部伎"由6部乐舞构成，在堂上坐着演奏，用丝竹细乐伴奏，风格清雅，表演水平较高。"立部伎"规模较大，以鼓和金钲伴奏，气势宏伟，表演水平略逊于"坐部伎"。上图是一组"坐部伎"的陶俑。

神地听着，沉醉在动人的乐曲声中。伶伦把这首乐曲定名为《咸池》。这首乐曲热烈而庄重，既是用来庆贺，也用来祭祀。

伶伦，是中国第一位杰出的音乐家和音乐理论家，记录他的音乐事迹最早的史书是《吕氏春秋》。

关于伶伦制乐器，民间有一个传说。伶伦受黄帝之命作乐律，取懈谷之竹，做成竹管吹奏。可吹出的音调无阴阳之分，不成音律。人们听到这声音就讽刺他，吹这竹管，那声音会把野兽吓跑。

一次，黄帝去练习骑马，刚跨上马背，忽然传来伶伦吹竹管的声音，声音怪异。黄帝的马听到这声音吓得四蹄腾空，仰头长叫，一下把黄帝从马背上掀翻下来。伶伦急忙停下吹奏，跑过去扶起黄帝，黄帝却对伶伦的大胆试制大加赞扬："这个小竹管的吹奏声，今天能把我的马吓惊，很不简单，将来一定可发出好听的音律来。"伶伦听到黄帝的鼓励，既高兴又惭愧，他向黄帝表示歉意说："黄帝命我制音律，我3年未成，实是罪过。"

黄帝说："你把一根小小的竹管，钻上几个小孔，就能吹响，你有功啊！"伶伦听到黄帝再次鼓励，信心更大。自此，伶伦潜心钻研，终日苦练，一次次地试吹，仍然吹不出和谐的音调，心中甚是着急。

一天，伶伦独自出去，不知不觉到了山岭之上，躺在一块石头上冥思苦想，竟沉沉睡着了。他睡得正浓，忽然传来鸟鸣，声音十分美妙。伶伦马上坐起，揉揉眼睛，仰头看见树上有两只羽毛美丽、体形优美的鸟鸣叫着，声音婉转，悠扬柔美，十分悦耳。伶伦倾耳聆听，细心琢磨。听着听着，他情不自禁地拿起竹管，模仿那鸟的

叫声，吹奏起来。他越吹感觉越好，正当他吹得沉迷之中，那两只美丽的鸟叫声戛然而止，展翅飞去。伶伦眼睁睁看着鸟儿越飞越远，非常惋惜。

伶伦转身急忙回去，向黄帝报告了听鸟叫的情景，接着拿起竹管，学着鸟的叫声，断断续续地给黄帝吹了一遍。黄帝听后高兴地说，这种鸟叫凤凰，是鸟中之王。招来凤凰，正是吉祥之兆。

从此，伶伦听鸟鸣叫的那座山被叫作"凤岭"。伶伦每天到凤岭，坐在一块大石头上，专等凤凰来鸣叫。果然，凤岭树林里不断有凤凰栖落。不过，落在这里的凤凰不一定都鸣叫。伶伦经过长时间观察发现，在鸣叫的凤凰中，凤的鸣叫声音激情昂扬，凰的鸣叫声音柔和悠长。每对凤凰栖落后，一次各鸣六声，然后连声合叫一遍，就飞走了。

伶伦根据凤凰鸣叫的两个六声，经过长时间的揣摩、推敲，终于创制出音乐的十二音律，受到了黄帝的赞扬。在此之后，伶伦又对各种飞禽走兽的叫声都一一记录下来，不断丰富他所创制的音律。比如用播鼓可以表现骏马奔跑的蹄声；用口哨可以表现各种鸟啼声。

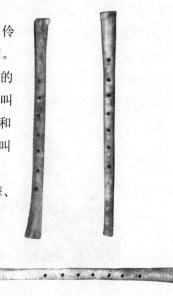

插图 5-9.2 上古遗音舞阳骨笛

中国有许多远古音乐传说，舞阳骨笛的出土，使人们对史前的中国音乐有了真实的感受。公元 1986—1987 年，河南省舞阳县贾湖新石器时代遗址中，陆续出土了骨笛 30 余支，距今约 7800—9000 年，为竖吹或斜吹的按孔乐器。骨笛一般用大型鸟类的翅骨截去两端关节，钻孔制成。其中有 3 只为 8000 年前骨笛系用丹顶鹤尺骨制成，最长的一支两孔骨笛有 20 多厘米长。出土的骨笛大多数为七音孔，能吹奏七声音阶的乐曲，也是世上最早的七声音阶乐器。舞阳骨笛是中国最古老的旋律乐器，在中国音乐史上有重要地位。这上古遗音表明 8000 多年前中国淮河流域的先民们，已能演奏优美的音乐，中华民族的史前音乐文化远远地走在世界的前面。中国民族音乐有如传说般古老，焰火般灿烂。

10. 黄帝升天

黄帝是一位非常贤明的君王，降伏炎帝，打败蚩尤，统一万氏部落，创造了中华民族史上第一个"太平盛世"。黄帝时期发明了舟车、历法、算术、音乐等，为人类的文明做出了重大贡献。晚年他还发明了鼎。

据《史记·封禅书》载："黄帝采首山铜，铸鼎于荆山下。"首山在哪里？明朝万历四十六年所撰《襄城县志》中载："首山，在县治南五里，横亘九里。"清代蒋廷锡编《（钦定）古今图书集成·方舆汇编·职方典》："首山，在襄城南五里，横亘九里。"蒋廷锡为康熙四十二年进士，雍正年间曾任礼部侍郎、户部尚书、文华殿大学士、太子太傅等职，是清代中期重要的宫廷画家之一。从史料中看出，首山在河南省许昌市襄城县南 2.5 里处。《史记》中说："天下名山八，三在夷狄，五在中国，首山其一也。"司马迁称天下有八座名山，其中五座在中国，这五座名山黄帝都曾巡游过，包括首山。它为诸山之首，故曰"首山"。《史记》还说，春秋时的庄周描述过黄帝游首山的情景：黄帝登具茨山（今河南省新郑市始祖山）时，驾车在"襄之野"迷路了，遇到一个孩子问路，问路的地方就是首山。司马迁说"黄帝采首山铜"，可见黄帝对首山的矿藏是有所了解的。

黄帝派人采来首山之铜，运送到荆山冶炼，荆山在哪里？荆山位于河南省灵宝市西 25 公里处的阳平镇境内。据《史记·封祥书》记载，古时荆山一带灾情严重，轩辕黄帝从昆仑山来到荆山查看。为给百姓治病，他要炼仙丹，于是就派人采首山之铜，运到荆山下，汲湖中之水，开始铸鼎。铜鼎铸成，高一丈三尺。鼎的周围雕刻有腾云的龙、四方鬼神、奇禽怪兽等图案。这尊大鼎放在荆山脚下，黄帝主持召开了一个隆重的庆功大会，四面八方的百姓都参加了大会，还邀请了天上诸神，人神济济一堂，热闹非凡。

庆功大会正热烈进行时，天上突然飞下来一条龙，眼睛圆亮，龙须很长，闪着银光，披着金光闪闪的甲，好像万匹的金锻笼罩了整个天空。龙，从云中把龙须垂到宝鼎上。

黄帝和大臣都很吃惊，那只龙慢慢靠近黄帝，眼神变得十分温和，黄帝明白了，这是天庭派来的使者要接他回天宫了。他向众人示意告别，然后就跨上龙背，群臣及后宫的人员紧跟着陆续攀附在龙体上，上去的有70多人，他们都是下凡帮助黄帝的天神。龙就冉冉上升。这时，一些臣子也想跟随黄帝上天，许多人一拥而上，希望爬上龙背，可是龙慢慢升空，无法爬上龙背，幸好龙须下垂，许多人立即抓住龙须，可是，龙须不堪重负断掉，人们也落下来，黄帝随身带的弓也掉在地上。人们上前抱住龙须和黄帝的弓呐喊、痛哭。黄帝在空中看着非常难过，抛下一条纱巾，留给百姓们擦泪。那纱巾从天上袅袅而落，沿着小溪蜿蜒伸去，无头无尾。百姓看到黄帝的纱巾，更感受到黄帝的恩德，纷纷用纱巾捂住泪脸，那滔滔的眼泪流进溪水，溪水猛涨成一条河。百姓们的眼泪和黄帝纱巾上的泪水混合在一起，呜咽着向东缓缓流去，人们叫它"泪河"。

插图5-10《轩辕黄帝铸鼎原碑铭》碑

此碑系唐贞元十一年（公元759年）虢州刺史王颜撰碑铭并序，华州刺史兼御史中丞袁滋书，为楷书。该碑碑首部分残缺，但碑文字迹多数清晰可辨。此碑为现今国内发现的专为记述轩辕黄帝事迹的最早碑铭，是目前国内研究炎黄二帝历史的重要史料。其碑文是："唯天为大，惟帝尧则之；惟道为大，惟黄帝得之。《南华经》曰：'道神鬼神帝，生天生地。'黄帝守一气，衍三坟，以治人之性命，乃铸鼎兹原，鼎成上升。得神帝之道，原有为谷之变，铭记铸鼎之神。铭曰：道口神帝，帝在子人。大哉上古，轩辕为君。化人以道，铸鼎自神。汉武秦皇，仙冀徒勤。去道日远，失德及仁。恭维我唐，元德为邻。方始昌运，皇天所亲，唐兴兹原，名常鼎新。"

后来，人们为了纪念黄帝升天之地，把那个地方叫"鼎胡"，意思是"鼎上的胡须"，可有些书却写成了"鼎湖"。那张弓叫"乌号"。据说，掉下来的龙须后来长成了草，那就是"龙须草"。

传说，黄帝升天时已是105岁了。

河南省灵宝市西20公里处的阳平镇向东北行5公里处，有一座山岭，叫"黄帝岭"，"黄帝岭"的西端有一座陵叫"三门峡黄帝陵"，陵高6米，周长42.5米。据传说，这是黄帝的"衣冠冢"。黄帝陵的南边，有一座"黄帝庙"，庙院约3500平方米。黄帝庙南边，方圆3公里，古称"铸鼎原"，是黄帝铸鼎的地方。在黄帝陵正南8公里处，就是荆山。在铸鼎原上，现已修复了象征天神、地神和祖宗的三尊大铜鼎，还存有《轩辕黄帝铸鼎碑铭》一尊石碑，为唐贞元十七年（公元801年）御史中丞袁滋书写，它是全国迄今发现的关于记载黄帝功绩的最早的碑刻，是研究黄帝文化的稀世珍品，也是铸鼎原悠久历史的见证。

此碑现存于灵宝市西阎乡大字营学校之内，高2.61米，宽0.95米，厚0.29米，碑首呈半圆形。唐贞元十七年立。碑文清晰可辨，记载了黄帝铸鼎的事迹。序中写道："黄帝守一气衍三坟，以治人之性命，乃铸鼎兹原，鼎成上升。"

荆山，轩辕铸鼎的"铸鼎原"，年年祭典，至今不绝。

问祖

第六章

人文始祖颛顼和帝喾

人文始祖颛顼和帝喾

1. 少昊的浪漫爱情

　　内黄县是河南省北部的一个边界县，在冀、鲁、豫三省的交界处。4000多年前，这里是颛顼和帝喾两位君主活动的中心地带。远古时的内黄县植被茂盛，水源丰富，土地肥沃。颛顼与帝喾两位始祖先后建都于此，并安葬于此。3000多年前，殷商王朝第十代王太戊、第十三代王河甲、第十四代王祖己都曾建都于内黄亳城，前后长达百余年，称为"相土"或"故殷城"。太戊不但建都于此，还葬于此。春秋时的政治家、改革家商鞅出生在内黄。楚汉相争中，楚霸王项羽曾在这里"破釜沉舟"誓与刘邦决战到底。这里又是南北朝时的冉魏皇帝冉闵和唐代大诗人沈佺期的故里。出生在汤阴县的民族英雄岳飞，少年时也在内黄习文练武。

　　距内黄县城向西南30公里，是梁庄乡的三杨庄村，这里是高低起伏的沙丘地貌。三杨庄村西北3里许，有一条河，叫硝河。河西岸那片沙地上，坐落着两座陵墓，陵墓里安寝的是上古的两位帝王颛顼和帝喾。

插图6-1 颛顼、帝喾二帝陵

史载颛顼、帝喾二帝葬于"鲋山之阳"，即指此处。封土冢南北长约65米，东西宽约54米，顶高25米，陵墓底部都残存有高1米左右的砖砌陵墙。陵墓院中的元代石碑记载，砖砌围墙系元代天历二年重修时所筑。在二帝陵庙前面的高台上，残存有元代至元十一年重修的陵庙拜殿和左右配殿，在拜殿和配殿前后清理出历代碑碣165通。为元、明、清时期的遗物，内容多为历代王朝派遣特使来此祭奠的祭文、历代重修陵庙的庙记以及文人墨客的拜谒赋诗。

《春秋纬》中一本叫《命历序》的书说颛顼部落共传20世，历时350年，《易纬》中的《稽览图》说是500年。

颛顼、帝喾是上古时期"三皇五帝"中的第二位和第三位帝王，前承炎黄，后启尧舜，奠定华夏根基，是华夏民族的共同人文始祖。历史学家范文澜先生在《中国通史简编》中写道："汉以前人相信黄帝、颛顼、帝喾三人为华族祖先，当是事实。"

据《史记》记载，黄帝的正妃嫘祖生有二子，老大叫玄嚣，老二叫昌意。昌意的封地在若水（今四川渡口一带），娶蜀山氏之女昌仆为妻，生下一子叫高阳。高阳就是后来的颛顼帝。据《白虎通》说："颛者，专也，顼者，正也，能专正天人之道，故曰颛顼。"看来他来到人间的任务，就是正人间之"道"的。颛顼（公元前2514—公元前2437年）是中国历史中的一位传说人物，为五帝之一。《史记·五帝本纪》载："黄帝崩，葬桥山。其孙昌意之子高阳立，是为帝颛顼也。"颛顼本姓姬，是轩辕黄帝的孙子，昌意之子，生于若水（今四川省渡口一带），实居穷桑。其母女枢因感"瑶光"而生，瑶光，象征祥瑞的北斗星中的第七星。颛顼15岁时就辅佐少昊，治理九黎地区，封于高阳（今河北省高阳县），故又称他为"高阳氏"。黄帝死后，颛顼立为帝，时年20岁，建都城于帝丘（今河南省濮阳市西南）。

据史书记载，颛顼"年十岁，佐少昊，二十继帝位，初封于高阳，故曰高阳氏"。少昊，姓嬴，名挚。相传少昊是黄帝之子，是远古时羲和部落的后裔，华夏部落联盟的首领，同时也是东夷族的首领。他的母亲叫"女节"，也称"皇娥"。古代传说中有一则关于皇娥的美丽的爱情故事。

皇娥聪明美丽，每天在天宫中用五颜六色的彩丝织布，夜以继日，不知疲倦。得闲常乘木筏，荡漾银河，自娱自乐。一天，皇娥乘木筏沿着银河溯流而上，来到西海边"穷桑树"下，树高万丈，根深叶茂，花繁枝茂，红叶紫果。果实万年结一次，吃了这种果实，长寿比天。

这时，一位英俊青年徐徐而降，来到她面前。她好奇地打量，小伙子面如满月，眼如晨星，气韵超凡。皇娥心中怦然而动，正在凝目，小伙子上前深施礼，先自我介绍道："我是白帝的儿子金星，就是东方天穹的启明星。"白帝是黄帝的同胞兄弟。接着，他又向皇娥表达爱慕之情："你织的七彩锦和你一样美丽，每夜我都听到你织锦之声，美妙悦耳，夜不能寐。"皇娥也早知金星，多有仰慕，今日相见，分外动情，忙说："啊，你就是启明星？每当我仰望东方天空的启明星，心里总说，多亮、多美。你每天都把白天带给人间，多勤快！"启明星微笑着，将手一伸，召来了一把银光闪闪的琴，弹奏出美妙的乐曲，倾吐着爱慕之意。皇娥情不自禁地跟着轻轻地唱起了歌，诉说着倾慕之情。两人订下了终身之约。

从此，皇娥与金星常在穷桑树下相会，抚琴唱和。一天，他们乘木筏荡漾水上，月海清波，相依相偎，乐而忘返。突然，一颗璀璨夺目的明星降落于穷桑之野，皇娥怀孕了。不久，一天天空有红、黄、青、白、玄五只凤凰，飞落下来，少昊诞生了。因为有凤飞来，称他为"凤鸟氏"。皇娥给他起名叫挚，"挚"，又名鸷，是一种凶猛的大鸟。

少昊具有神奇的禀赋和超凡的本领，长大后，成为本氏族的首领，后又成为整个东夷部落的首领。他在东海之滨建立了一个国家，以各种各样的鸟儿作为文武百官。凤凰总管百鸟，燕子掌管春天，伯劳掌管夏天，鹦雀掌管秋天，锦鸡掌管冬天。工、农各业以及其他日常事务，都按鸟的不同特点和能力来分工，做到了"鸟尽其才"，各司其职。

他领导的百鸟之国兴旺发达，便请来年幼聪敏、很有才干的侄儿颛顼，帮助治理朝政。

2. 革新治天下

颛顼聪慧，性情沉静，识闻博见，通达事理，有智谋，有圣德，在民众中有很高的威信。《史记》上说他"静渊以有谋，疏通而知事；养材以任地，载时以象天，依鬼神以制义，治气以教化，絜诚以祭祀"。

颛顼继位后，进行了一系列的革新，充分利用地力，因地制宜种植庄稼、饲养牲畜以发展生产，增加财力。为了农耕的需要，他观察天象，掌握日月运行的规律，改革甲历，定下四季和二十四节气，后人拥戴他为"历宗"等。他很重视对百姓的教化，定婚制，根据男女、长幼制定出各种礼仪制度。传说在黄帝晚年，九黎信奉巫教，崇尚鬼神而废弃人事，一切都靠占卜来决定，百姓家家都有人当巫史搞占卜，巫术盛行一时，大家不再祭祀天神，对农业生产影响很大。颛顼决定改革宗教，下令禁绝巫教，禁止以占卜通人神活动，他命南正重专管天地鬼神的祭祀，教百姓按时祭祀祖先和天地鬼神。任命北正黎负责民政，专管人间百姓们的大小事情。他亲自净心祭奉天地祖宗，为民做出榜样，劝导百姓遵循自然的规律而进行农业生产，鼓励人们开垦田地。通过这些重大的举措，很快使社会恢复了正常秩序，社会安定了，生产发展了，百姓安居了。

插图 6-2.1 通往陵墓拜殿的老山门

颛顼帝喾陵处汉代修有陵冢，唐太和四年（公元 830 年）建庙，宋乾德六年（公元 968 年）修葺，金大定七年（公元 1167 年）重修，元代至清代又多次修葺。顺中轴线发现御桥、山门、祭拜大殿、陵冢等主体建筑遗迹。历朝历代祭祀不绝，宋代以后列为定制。此门为清代宣统年间所修葺的遗迹，为四阿顶建筑，刷红土，开有中门，中门两边为侧门，从山门处往里有三条甬道，蓝砖铺设，通向拜殿。山门建筑面积 12 平方米。这座老山门看似很低，但当年却是进入陵区拜祭的必经之路。

颛顼是一位有文治武功的帝王。据《淮南子·时则训》载："北方之极，颛顼、元冥（元冥又叫玄冥，是管北方的水正官）之所司者万二千里。" 《史记》一书中说："动静之物，大小之神，日月所照，莫不抵属。" 也就是说各种动植物，大神小神，凡日月照临的地方，全都平定了，天下归服，百姓拥戴。据《史记》记载，往北，他到过河北一带；往南，到过岭南以南；往西，视察过甘肃一带；往东，到过东海中的一些岛屿。颛顼泽被宇内，功德盖世。

颛顼与共工的战斗，有历史记载，也有传说。

传说颛顼与共工是中原两个部落的首领。他们都是被百姓爱戴的氏族首领。为了发展生产开垦农田，共工主张削平高地填补低洼。但颛顼不同意他的观点，还动员自己部落的百姓反对，认为削山填沟是违背天意，会遭到神怒鬼怨。由于颛顼的威信高，他的意见不但得到本氏族的拥护，甚至还影响了共工氏族的人们。共工没有得到百姓的支持，非常气愤，用头撞不周山。不周山被拦腰撞断，山峰崩塌，泥石漫流，天摇地动，剧烈颠簸；地陷东南，天倾西北。地势即呈西高东低，江河东流；天空则东高西低，日月星辰东升西落。

另一种历史记载说是共工强大，欲霸九州，要与颛顼争夺帝位，向颛顼发起进攻。颛顼足智多谋，又深得百姓的信任和支持，经过一场激战，打败了共工。共工逃到不周山下，怒撞不周山而死。

插图 6-2.2 颛顼画像

颛顼，本名乾荒，号高阳氏，黄帝之孙，昌意之子，中国上古部落联盟首领，"五帝"之一。又称黑帝或玄帝，在天神传说中是主管北方的天帝。

不管是哪种说法，颛顼都是胜利的英雄。可英雄也有做错事的时候。

这是个神话故事：颛顼刚继位帝王时，虽然盘古早已把天地分开了，但天地还是离得太近，天地之间有一架天梯。天上的神，地上的人以及鬼、怪、魔等，互相混杂在一起，神与人的事、人与鬼怪的事纠缠在一起。地上的事与天上的事纠结在一起。人间的智者、巫师、勇士等有了事情，都可以登着天梯到天上，找天帝申诉，甚至那些恶魔也上天告恶状。搅和得人间是非不清，甚至影响了人们的正常生活；天上的神仙也随意沿着天梯下到人间，搞得人神无别。颛顼感到人神杂糅有很大害处，不但刑天之类的造反者可通过天轻易地上天造反，而且还没完全平定的九黎、共工、三苗等夷族部落，也会通达天梯这条捷径到天庭捣乱，破坏天界的安宁。颛顼认为必须撤除天梯，砍断这条天路。于是，他派大力神和黎两个去做这件事。他们按颛顼的要求来到天梯前，一个用力拉建木，一个用力拔，整整用了七天七夜除去了天梯。天梯一除，天慢慢上升，地渐渐下沉。自此，天地遥遥，远不可及，天上的神仙高高在上，享受着人间的香火祭奉；地上的人要想平步青云，也只能通过长期的修炼，得道成仙，修成正果升天。

颛顼除天梯的神话，应该是上古时候专制统治强化的反映。

相传帝喾为帝之前，有驩兜、三苗、鲧相、共工为天下经常作乱的四凶，共工为四凶之首。当时颛顼帝已经年老体衰，江淮共工氏乘机欲霸九州，颛顼帝命帝喾统领部落前去扫灭。帝喾任用贤能，施展谋略，将共工打败，逼共工怒触不周山而亡。随后，他又将其他三凶相继征服，使各部落相继宾服归顺，天下太平，黎民安康。因此获得了各部落酋长和天下百姓的拥戴，大家认为帝喾是颛顼帝最好的继承人，只有他才能治理好天下。年老的颛顼帝此时治理天下已经力不从心，应天下民意将帝位禅让给了帝喾。

颛顼在位 78 年，活到 98 岁逝世，葬于濮阳。

3. 帝喾治政

帝喾继位之后，就发生了开荒国和火山国作乱。开荒国的兵将皆为猛兽，火山国战时善火攻。帝喾带领百姓平乱时，虽英勇抵抗，但面对猛兽和烈火却束手无策。于是，张榜招贤，并承诺能打败两国凶敌者，定以女儿相许。过了几天无人敢揭榜。一天，招贤榜被揭下来了，却是一条狗。那狗用嘴衔着招贤榜去见帝喾，并面对帝喾发誓定能打败敌国。这条狗出战了，先与开荒国交手，狗大叫显示了神威，开荒国的猛兽听见狗叫声，吓得四处逃窜；火山国来犯，狗能吞吃烈火，火山国被降服。帝喾便把自己的女儿嫁给了那条狗。那狗和帝喾的女儿结婚后生了个儿子，后来当了皇帝，人类从此开始纪元，将其当皇帝的那一年叫作"狗儿元年"。当然这是民间传说。黄帝有两个儿子，一是昌意，生子叫颛顼；一个叫玄嚣，生子叫极，极的儿子叫高辛，高辛就是帝喾，颛顼是黄帝的孙子，帝喾是黄帝的曾孙。

相传，帝喾生于穷桑（西海之滨）。《史记》记载："高辛生而神灵，自言其名。"帝喾生来就很有灵气，一出世就能说出自己的名字。他从小德行高尚，聪明能干，勤学好问，至十二三岁时就很有名气了。他的堂叔父颛顼很欣赏这个侄子的才气，15 岁时，颛顼帝就选他为助手，由于帝喾管理政事有功，被封于辛（今河南省商丘市高辛镇）。对于帝喾来说，这是非同寻常的历练机会。而对颛顼来说，他是在有目的地培养接班人。颛顼虽然已经给他一块叫"有辛"（今河南省商丘）的封地，可他还是住在都城帝丘（今河南省濮阳），跟随着伯父颛顼管理政事。

帝喾 30 岁时，继承了颛顼的遗愿登上了帝位，为天下共主。帝喾继位之后，就

插图 6-3.1 帝喾画像（清人绘）

帝喾，上古时五帝之一。《山海经》等古籍中天帝帝俊的原型就是帝喾。帝喾继为天下共主后，以仁爱治国，生活俭朴，品德崇高。特别是他探索天象，观察物候变化规律，划分四时节令，指导人们按节令从事农畜活动，极大地促进了社会生产力的发展。使华夏农业出现一次伟大的革命，农耕文明迈入了一个崭新的时代。

把都城迁到亳（今河南省偃师县西南城关高庄）。据《竹书纪年》记载："帝喾高辛氏元年，帝位居亳。"郦道元《水经注》称亳"在禹贡豫州河洛之间"。《中华全史演义》一书说亳"即河南偃师"。《旧志》记载："高辛故都在治（今河南省偃师市老城）西五里，今高庄，基遗址也。"

偃师市位于河南西部，东邻巩义市，西接洛阳市和孟津县，南倚嵩山，北临黄河。偃师为夏、商、东周、东汉、曹魏、西晋、北魏七朝古都，有5000年辉煌的历史。偃师境内的二里头文化遗址、西亳商城遗址、汉魏故城等都是令世人瞩目的古文明遗址；东汉太学遗址是中国最早的国立大学遗址；西周伯夷叔齐墓、秦相吕不韦墓、唐太子李弘墓等名人墓葬众多。偃师是唐代高僧玄奘、宋朝名相吕蒙正的故乡；张衡、蔡伦、班固、王允等历史名人都曾在此创下不凡的业绩。偃师历史悠久，文化灿烂。

帝喾继位之后，广施恩惠仁爱，讲究信誉。他热心为民着想，经常了解民间疾苦，体恤民情，观察事理，为民之所急，解决百姓的实际问题，深受百姓的爱戴。《史记》上说："溉执中而遍天下。"说他处理事情不偏不倚，公正廉明，平等待人。在他的治理下，社会富足，人民安居乐业。帝喾创造了上古时期的太平盛世。

帝喾以前，人们虽有"四季"的概念，但只是日出而作，日落而息，从事农业生产，没有科学的时辰顺序，影响了农业发展和人们的生活。因此，帝喾"爻策占验推算历法，穷极变化，颁告天下"。《大戴礼·五帝德》上说，他"夜观北斗，尽观日，作弦、望、晦、朔、迎日推策"，或"观北斗四时指向，以定节气；观天干以定周天历度"。他探索天象，摸索物候变化规律，划分四时节令，指导人们按照节令从事农牧业生产活动，促进了社会生产力的发展，华夏农业出现一次伟大的革命，农耕文明向前迈出了新的一步。同时，帝喾也恭敬地祭祀天地鬼神，祈求神灵降福万民。

帝喾治政知人善任。他选拔箭技无双的羿担任射官，赐给他彤弓和蒿矢。羿也不负帝喾厚望，当白难反叛时，他一举将其平定。帝喾发现咸黑、柞卜长于音乐和制作乐器，就任命他们为乐官，终于创作出《九招》之乐和鼙鼓、笭、管、埙、帘等新乐器。帝喾身边有8个善良贤明的人物，来辅佐他管理国家大事，史书上称他们为"八元"。传说帝喾能操纵辰星，掌握观察时间和节气的方法，以指导生产。而且帝喾非常喜爱音乐，好巡游，他几乎游遍了中国的名山大川，参观过女娲、少昊、黄帝等先人的遗迹。我们也可以想象他执政的时候，地域是多么辽阔，国力是如何强大。

史书说他的治国方略是："德莫高于博爱人，政莫高于博利人。政莫大于信，治莫于大仁。"《史记》说他："普施利物，不于其身。聪以知远，明以察微。顺天之义，知民之急。仁而威，惠而信，修身而天下服。"

值得帝喾骄傲的是他有4个妃子，4个妃子都是神奇怀孕生子，都是天下栋梁之材。元妃姜嫄，是有邰氏的女儿，她无意踩了一巨人足迹，因受到震动生下儿子，是一丑陋男孩，三次弃于野外，但百鸟保护其不死，起名"弃"。后来弃教人种五谷，被人尊称为"后稷"，是周朝国君的祖先；次妃为松国国君的女儿叫简狄，因吃玄鸟蛋而生下"契"，契后来成了商族的祖先。他的第三个妃子叫庆都，是陈丰氏的女儿，生子名"放勋"，放勋就是五帝之一的尧。他的四妃叫常仪，相传夜晚做了

90

一个奇梦,她把太阳吞下去了,于是生了个儿子,起名叫"挚",挚也曾继承过王位。帝喾一家是帝王世家。

帝喾还有其他妃子,那是在打败了蚩尤以后,为了管理蚩尤民,把他们分为两种:"良民"和"恶人",迁移不同地方分而治之。属于"良民"的邹屠氏一族被迁到北之乡。邹屠氏人的女人有特殊的本领,她们能腾空而行,来去如风,常游于伊水和洛水之间。帝喾很赞赏她们,就娶邹屠氏的一个女儿为妃。这个妃子更是神威,她也常做吞太阳的梦,做一次"吞日"梦,就生一个孩子。这样的梦她做了8次,所以她生了8个孩子。

然而,帝喾也有两个不争气的儿子:阏伯、实沉。兄弟俩不和,一见面就要打架,互不相容。帝喾没有办法,只得把两人分开。他派阏伯往商地(今河南省高丘市)担任火正,是主管东方的"商星"。阏伯为了不让地上的火湮灭,把火放在一个大土丘上,从此,人们把这个土丘称为商丘;帝喾又派实沉去大夏(今山西翼城县一带)主管水,当了西方的"参星"。参和商在天空中遥遥相对,一颗星升起,

插图 6-3.2 帝喾的四个妃子(壁画)

传说帝喾的四个妃子为帝喾生养的四个儿子,不是帝王,就是重臣。《帝王世纪》说:"帝喾有四妃,卜其子,皆有天下。"元妃有邰氏,名姜嫄,生弃名后稷,后为周朝始祖;次妃陈锋氏,名庆都,生放勋,即帝尧;次妃有娀氏,名简狄,生契,后为商朝始祖;次妃鞠訾氏,名常仪,生帝挚。

另一颗星就会落下,此起彼落,从此再也不能见面。唐代诗人杜甫在《赠卫八处士》一诗中说:"人生不相见,动如参与商。"说的正是这段传说。

帝喾以自己的贤德抚教万民,治政有方,深得民望,享年105岁。

4. 颛顼爱音乐

中国的儒家说,乐是德之音,他们所推崇的乐是五帝三王之乐,指的是自伏羲氏以来至周初的古乐,都是上古盛德之帝的作品。盛德之帝必有盛乐。颛顼就是一位爱好音乐的帝王。颛顼命飞龙作效八风之音,名之为《承云》,用以祭祀上帝。帝喾时作《唐歌》,又发明鼙鼓、钟磬、吹苓、管埙、篪籈、椎钟等乐器,合奏声起,凤鸟为之起舞。帝尧祭上帝的乐曲叫《大章》,乃是仿效山林溪谷之音而作,用麋皮做的鼓和石磬伴奏,百兽也为之起舞。舜时发明了23弦的瑟,又谱成《九招》《六列》《六英》等乐曲,以昌明舜德。

历史上,凡是勤政于民、吊罪伐恶的君王,都有专门的乐章。大禹治水,万民欢欣,

于是舜命皋陶作《夏迭》九章，以表彰其功。汤商伐桀，黔首安宁，汤命伊尹作《大护》之舞、《晨露》之歌，以展现其善。牧野之战，武王克商，于是命周公作《大武》。成王时，殷民叛乱，用象群为虐于东夷。周公奉命东征，驰师驱逐之，于是作《三象》，以嘉其德。相传夒开始制乐奖赏诸侯，《乐记》说："故天子之为乐也，以赏诸侯之有德者也。德盛而教尊，五谷时熟，然后赏之以乐。"

可见，儒家的所谓"德音"，是德治之音，是指致治之极在音乐上的体现。唯有这样的音乐，才能奏于庙堂，播于四方，化育万民。至此，我们可以明白一个道理：春秋时期是乐器、乐理高度发达的时代，这由曾侯乙编钟可以得到证明。

颛顼酷爱音乐，对音乐很有天赋。他在若水边出生，那里一年四季花木繁茂，溪水潺潺，百鸟鸣叫。这些大自然中美妙的音乐陶冶了他良好的天赋，他在协助少昊理政期间，对琴艺有造诣的少昊将祖传的琴瑟拿出来，教**颛顼曲谱，手把手教他调弦。悟性很高的颛顼很快掌握了音律，进而能熟练地弹奏琴瑟，琴艺不断提高，受到好评，**他的琴艺渐渐地超过了少昊。

几年后，颛顼长大回到了自己的封地。颛顼走后，少昊顿感心里空荡荡的，心中孤寂。每当看到颛顼用过的那把琴瑟，睹物思情，徒添许多对侄儿的思念之情，人去物仍在，心中更烦闷，离愁难消，无奈之中，索性把琴扔到东海的深沟里。琴身虽葬入大海，但琴声犹在。每到月升夜静的时候，那蓝色的海面上，涛息波平，悠扬的琴声从海面上飘来，如闻仙乐。悠远清扬之中，隐隐约约有如泣如诉之感。

颛顼继承黄帝天下共主的帝位，勤于政务，劳于民事，但他爱好琴乐不变，时常在暇余之时，更加孜孜不倦地研习音乐，操琴抚韵，对音乐的艺术修养和鉴赏能力不断提高。只要有机会，他或驻足于潺潺流水旁寻觅灵感，或聆听百鸟的鸣唱捕捉天籁之音，或花前月下吟咏柔情美意，或大海听涛体验声的雄壮，或强风之中长吟体会声的交响。在他的影响下，很多人对音乐发生了浓厚的兴趣。颛顼命臣子飞龙效仿风的声音，创作了一首乐歌，题目叫《承云》，献给曾祖黄帝，受到黄帝的称赞。《吕氏春秋·古乐篇》记载："帝颛顼好其音，乃令飞龙作效八风之音，命之曰承云，以祀上天……"史书称，这首名为《承云》的歌，为后人称作"九州中国的第一首'国歌'"。它的基本创作方法是：命乐官飞龙氏融汇中国八大区域"条风""明庶风""清明风""景风""阊阖风""不周风""广莫风"的风格特点，创作成"圭水之曲"，主题是"召气而生物"，然后铸成铜质乐钟，作五基六英之乐，用来在万国诸侯到国都开大会时以"享上帝朝诸侯"。由此表明，中国历史上第一首乐曲亦源自于上古颛顼时代，是颛顼大帝吹奏出东方第一曲响音。它应算是我国历史上最早的"国歌"。

另一个传说是这样说的，帝喾也非常爱好音乐，他让乐师咸黑制作了《九招》《六列》《六英》等歌曲，并做了鼙鼓、钟、磬等乐器，让 64 名舞女穿上五彩衣服，随

92

插图 6-4 远古**时代的陶鼓**

作为打击乐器为代表的**陶鼓，是我国远古文化**的重要组成部分，为我国原始艺术的繁荣和发展奠定了基础，是我国远古文化繁衍进化的主要标志之一。其究竟起源于何时，难以考证。它象征着原始社会后期，鼓已基本定型成熟。

着演奏跳起舞。乐声动听悦耳，就连凤凰、大翟等仙鸟也云集殿堂欣赏，翩翩起舞。古人认为，凤凰到来，殿堂之内必然有品德高尚之人。

5. 二帝陵的沧桑

颛顼、帝喾陵位于河南省安阳市内黄县城南 30 公里的梁庄镇三杨庄土山之阳，人称"二帝陵"，是 4000 多年前上古时期"五帝"中第二帝高阳氏颛顼和第三帝高辛氏帝喾的陵园。颛顼陵居东，帝喾陵居西，两陵相距 60 米。颛顼陵南北长 66 米，东西宽 53 米，高约 26 米；帝喾陵略小且居后 2 米。据专家分析，这种长辈陵冢大、晚辈陵冢小；长辈陵位趋前、晚辈陵位趋后的殡葬方式，正好印证了颛顼帝"长幼有序"的道德伦理。二帝陵园从下至上有御桥、山门、庙院、陵墓、**碑林及纵**横其间的甬道，占地面积 350 多亩；**陵墓四周有围墙，称"紫禁城"。**

史书记载，二帝陵建筑宏伟，碑碣林立，松柏蓊郁，汉代**修有陵冢，**唐太和四年（公元 830 年）**建庙，**宋乾德六年（公元 968 年）修，金大定七年（公元 1167 年）重修，元代后又多次修葺，但因年代久远，陵区地处黄河故道和紧靠硝河，河水多次泛滥，风沙肆虐。到清朝同治年间，陵墓和建筑群全部被黄沙掩埋于地下。

二帝陵被黄沙掩埋后，只剩下一些残垣断壁，在狂风中诉**说着历史沧桑，**在迷漫的飞沙中苦苦**挣扎。**多灾多难的二帝陵一直被周**围的百姓牵挂着，**这是炎黄子孙对**始祖解**不开的一种情结。重修二帝陵的呼声越来越高，恢复祭祖的要求越来越急。所以在 1986 年前后，当地政府组织人力开始大规模地清沙。人们把自己对始祖的深厚感情凝聚于一锹一锹的清挖中。唐宋殿基露出来了，元代护陵墙被发现了。据说，二位始祖所安葬的那个小土山，在黄河数次改道中，曾落入黄河的主河道。这座小土山中的颛顼与帝喾始终摆脱不了滔滔黄河水的纠缠。小土山几乎被黄河泥沙荡平。西汉末年，再度改道的黄河使小土山浮出了水面。敬祖心切的百姓似乎看到了二帝神圣的身影，循迹而至，在那里重建了颛顼和帝喾的陵墓。汉代开了个头，以后唐代在那里修建了一座庙，取名叫"高王庙"。原庙宇坐北面南，5 间大殿，左右有配房，南有山门和神道，东南侧有碑林，

插图 6-5.1 元代通往陵区的甬道遗存

祭祀颛顼、帝喾陵源远流长，历代王朝祭祀不绝，宋代起列为定制，明代初列为皇家祭祀。这条小道是元代朝中官员祭祀走的甬道遗存。

200 余石碑。宋代、元代、明代、清代都进行了修葺和增建。据史籍记载,过去那是一片宏伟壮观的庙寺建筑群,碑碣林立,松柏参天。自汉代以后,祭祀二位始祖成了当地百姓的盛事,二帝陵区成了百姓祭祖的活动中心。届时,人们从四面八方涌向那里,平时寂静的二帝陵区顿时人声鼎沸。自从清沙重修已具规模之后,人们祭拜祖先的心更热了,来的人也更多了,往往有数十万之众。除烧香、鸣炮、磕头、祝祷之外,民俗活动也丰富起来,踩高跷的、玩旱船的、说唱的,多彩多姿,生动地展示了中原百姓独特的民俗风情。

94

如今的二帝陵已十分壮观,已清出的建筑有 5 间大殿,大殿前有长廊,大殿的两侧各有 3 间厢房。山门前有一眼水井,砌井道的砖是宋代的,是宋代修葺二帝陵的见证。大殿后面 200 米有两座高大的陵墓,墓墙上嵌着元代和清代两块标志性石碑,分别镌刻着"颛顼陵""颛顼帝陵"字样。庙内有 50 多块碑碣,大殿内就有 41 块,镌刻着御制祭文和皇帝钦差的祭文。

二帝陵碑廊有一块石碑,很有点传奇色彩。碑上刻的字还十分清晰,保存完好。这些碑碣是

插图 6-5.2 颛顼陵和帝喾陵的墓碑

上古时代"五帝"中颛顼、帝喾两个帝王的陵墓,位于内黄县东南 30 公里的三杨庄村西。二帝陵始建年代难考,唐代以后屡有增建,清末宣统年间一场风沙南迁而掩埋于沙丘之中,地面仅存石碑两通。颛顼陵坐北面南,长 66 米,宽 520 米,陵前的刻有"颛顼陵"三字的墓碑为元明宗天历二年(公元 1329 年)的遗物;帝喾陵长 66 米,宽 50 米,在颛顼陵西侧,陵前刻有"帝喾陵"三字的墓碑为明代嘉靖七年(公元 1528 年)的遗物。

如何保存下来的呢?原来在 50 年代大修水利时,内黄县几乎将所有的石碑都搜集起来,运到了水利工地,铺在了水渠下面,深埋于地下,这一无意之举却使这些珍贵的石碑完好无损。

历代帝王祭祀不绝,宋代以后列为定制。农历三月二十八为颛顼帝诞辰日,民间祭祀大戏喧嚣,人声鼎沸,香火缭绕,热闹非凡。

又传说,帝喾的陵墓在河南省东部商丘市的高辛集。

相传，那时有9个敌对国家想吞并颛顼的地盘，如果硬打，难以取胜。颛顼就去找帝喾出谋划策。聪明的帝喾告诉他："这9个国家都想独吞我们，他们之间定会争权夺利，如果能离间他们，进而乘机各个击破，就可消灭他们了。"颛顼听了觉得很有道理，就立刻部署实施这样的战略，很快平了九国之乱。帝喾立了功，颛顼就把"辛"地封给了他。

可辛地是个经常闹水灾的地方，老百姓不得不经常迁徙，难以安居，人心惶惶。帝喾决心治理水患，要让老百姓过上安稳日子。他先用加高地势的办法躲水，带领人们把居住地的地势加高，水涨多高，就把地势加多高。但是，添土加高地势的速度，没有水涨的速度快，还是不断被水淹。帝喾想来想去，束手无策了。于是，故事转入神话：帝喾只好上天去找玉皇大帝。帝喾在玉帝那里据理力争，说服了玉皇大帝。玉皇大帝就派天神下来，把"辛"这个地方的地势抬高出水面，老百姓能安心地居住下来了。"辛"地从此便称为"高辛"，高辛的百姓亲切地称帝喾为"高辛氏"。帝喾受到高辛百姓的敬重，为了表达对帝喾的仰慕与怀念，他死后把他葬在了高辛（今河南省商丘市南高辛集镇）。

高辛集帝喾陵高大，南北长233米，东西宽130米。陵墓受风雨的侵蚀，到西汉曾做过维修，在元代、明代也多次修复。陵前有帝喾祠大殿，宋朝开宝六年建，殿内有沐浴室、更衣室、牌坊等古建筑遗存。殿宇雄伟壮观，松柏苍郁，碑碣林立。后因世殊事异，遗存多有损毁。现仅存明代碑刻一通。殿内中央有一口古井，梁上绘有彩龙，彩龙映入井中，栩栩如生。相传大旱之年求雨多有灵验，所以被人们誉为"灵井"。

相传，高辛集帝喾陵还是大宋的国号得名之源。赵匡胤不得志时，在去北方投奔郭威的路上，到了帝喾陵，抽签问卜，算算自己的前途命运。结果，是个上上签，将来能当皇帝。后来，他到商丘后，被任命为归德节度使，从此发迹，最终当了皇帝。赵匡胤登基后，因商丘是西周时的宋国，又是后来的宋州，他把国号定为"宋"。

高辛集帝喾祠每年腊月都举行庙会，香火繁盛。

问祖

第七章

治水之祖大禹

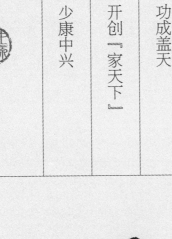

第七章 ——— 治水之祖大禹

治水之祖大禹

1. 鲧障洪水

　　嵩山中有三处著名的汉代建筑物叫"汉三阙"：太室阙、少室阙、启母阙。"阙"，是指建造在城门、宫殿、寺庙、陵墓前的两个对称建筑物，是大门的标志。两阙之间是道路，可通往里面的建筑物。阙的建筑历史悠久，早在周代就有，嵩山的三阙为汉代所建造。治理水患的祖先大禹的出生地，就是三阙中的启母阙。

　　嵩山南麓有万岁峰，万岁峰南麓下便是启母阙。

　　传说大禹是黄帝的玄孙，姓姒，名文命，大约生于公元前2297年6月6日，距今已有4000多年了。他的父亲叫鲧，爷爷就是颛顼帝。大禹是黄帝的五世孙，是正宗的帝王后代。据《华阳国志》记载，黄帝的儿子娶了蜀山氏之女为妻，生子名高阳，就是颛顼帝。颛顼帝把自己的支庶都分封在蜀地（今四川一带），他的儿子鲧被封于汶山石纽地区（今四川省北川县）。鲧娶有莘氏之女女志为妻。有一天，女志到河边提水，拾了一粒"薏苡果"，其形如珠子，艳丽可爱。她顺手送入口中含之。不料"薏苡果"光滑如卵，滑入腹中。她自此怀孕，怀胎14个月，剖腹生下一男孩，这就是禹。有史料载"禹出西羌"，西羌即今四川，古时就是羌族的生息之乡。

插图7-1 鲧治水图（中国古版画）

尧之时，洪水为害，尧在四岳的推荐下命鲧治水患。但鲧用的是共工氏修筑堤防，并逐年加高加厚的办法，《淮南子·原道训》描述他治水的方法：堆土达"三仞"的高度，而不疏导河道，水无归宿。故鲧虽经九年之苦，但终"功用不成，水害不息"，治水失败，被殛之于羽山。

　　大禹在幼年时，随父亲鲧东迁，到了中原，鲧应该属"叶落归根"回到故乡。当时执政统治中原的是尧帝。尧封鲧于崇地，就是嵩山（今河南省登封市境内）。尧是帝喾亲选的接班人。尧姓祁，名放勋，号陶唐，谥号曰尧，故史称唐尧。据史书记载，尧在位期间，有圣德，德化广大；有涵养，光照天下，深受百姓的敬重与爱戴。他曾设官掌管天地时令，观测天象，制定历法，敬授民时，咨询四岳，征伐苗民，安定社会，推行刑罚，公平廉明。尧所施行的种种措施，使得万邦和睦共处，友好交往，共同组成了中原"部落大联盟"。

尧在位期间选用了影响历史的两个人物，一个是舜，另一个就是禹的父亲鲧。在《史记》中有这样的记载："虞舜者，名曰重华，重华父曰瞽叟。"舜的父亲是个瞎子，母亲早逝，父亲又续娶，生子叫象。舜父不喜欢舜，后母虐待他，异母弟弟常欺负他。舜几遭后母的加害，险些丧命。但舜心地善良、品德高尚，孝敬父母如常，爱护弟弟有加。他的为人得到尧帝的欣赏与喜爱，就让他到自己的身边工作，协助管理政事，其职务是"司徒"。舜任职后勤奋工作，常年奔波，理顺了父义、母慈、兄友、弟恭、子孝等伦理道德，协调四方诸侯关系，促进和睦团结。入深山，进丛林，顶雷雨，冒风雪，从不误事，赢得了百姓的拥护和尧帝的信任。

尧能选拔出需要的人才，舜是有幸的，但他又是不幸的，他在任期间发生了洪灾，时间长达22年。时间之久，水患之大，灾情之重，难以想象。大地一片汪洋，人无立足之地。人们或扶老携幼随水漂流，或跑到山上钻进山洞，或躲到树上。农业生产遭到严重破坏，人口锐减。

这么大的洪水是从哪里来的，并未见史书有记载，而神话传说却有说法：说是尧在位时，社会风气很不好，人们道德败坏，大家不信正道，甚至造做许多恶事。于是触怒了天帝，为了惩警人类，天帝便令水神降下滔天大水。于是，大地上突然山洪暴发，河水泛滥，海水倒流。中原大地巨浪吞没田野庄稼，淹死了无数生灵。为了拯救天下苍生于水灾深渊，尧要挑选治理水患的人。《尚书·尧典》这样记述了选拔的情景：尧召集各部落首领大会，征求治洪能手。大家齐声举荐了鲧。尧接受大家的建议，任命鲧去治理洪水。传说的另一种版本是：鲧是天帝的孙子，是位心地慈善、心系世间生灵的神人。他看到爷爷用这种残忍的方法惩戒人民，多次劝谏收回洪水，但天帝不许。鲧就决心到人间帮助尧治洪。

《尚书·洪范》中记载："鲧堙洪水。"《国语·鲁诏上》中说："鲧障洪水。"就是用泥土堵塞围截洪水，靠"水来土挡"的方法治理洪水，不但拦阻不了洪水，反而洪水越涨越高。鲧治洪水治了9年，毫无成效。《拾遗记》中记载："尧命夏鲧治水，九载无绩，鲧自沉于羽渊，化为玄鱼。"还有一种传说，鲧是被尧在羽山杀死的。

传说的另一版本是：鲧治洪水时，去察看水情，决定筑堤堵水。他亲率治水大军，逢水筑坝，遇洪建堤。但是，治水九年，洪水仍在泛滥。他束手无策，十分焦虑。这时，一只鸱鸟（猫头鹰）和一只神龟告诉他，天庭里有一种宝贝土壤，它能无限地膨胀，只要向下扔下一点，它立即就会堆积起很多土，而且越堆越高，能堆成千丈之堤和高山。用它堵水，它就会随水而长，水涨一寸，它就往上长一寸。这种土壤就叫"息壤"。但息壤是不易得到的。

鲧深知偷盗天庭宝物是杀头之罪，但他为了拯救受洪灾苦难的百姓，决心去盗出息壤。鲧盗来息壤后，撒到洪水泛滥处，果然那土壤就长成高山，不但挡住了凶猛的水势，并且，那高山随水势而增高。洪水被制服了，大地出现了生机，百姓们都回到了自己的家园。正当大家重建家园时，传来了不幸的消息。鲧盗取天庭宝物息壤的事败露了，天帝派火神祝融来到人间，捉拿鲧夺回了息壤。鲧被押到羽山杀死。将鲧用后余下的息壤收回到天庭。洪水又失去了控制，漫延中原，泛滥天下。百姓重又回到水灾、饥饿、寒冷的苦难之中。鲧死了但他的故事并没有结束，《山海经》注引《开筮》里记载了鲧死后的神奇故事："鲧死三岁不腐，剖之以吴刀，化为黄龙。"鲧死后尸体三年没有腐烂，天帝得悉心有疑虑，怕鲧成精为怪成为后患。天帝派一位天神去处理，天神去时带了一把宝刀，叫"吴刀"。天神到了羽山，用吴刀剖开了鲧的腹部。这一刀下去，奇迹发生了，从鲧的肚子里窜出一条虬龙，升天而去。鲧死三年后生了一个龙儿，他就是禹。

2. 禹疏河治水

鲧被舜处死之后，他的儿子禹被推荐到了防治水患第一线，舜任命禹为"司空"，是主管水土的官员。禹总结了父亲治水的教训经验，一改鲧"围堵设障"为"疏顺导滞"的方法，利用水自高向低流的自然流向，顺地形把壅塞的川流疏通，逐渐把洪水引入疏通的河道、洼地或湖泊，然后合通四海。

他接受治水任务时，刚和涂山氏结婚，但为了尽早除去水患，他新婚别妻，日夜坚守于治水工地上。他做了大量的实地勘察，跋山涉水，了解灾情，树木立桩，测定地势，掌握了第一手材料。他请来与父亲一道治水的人，共同研究了治水的新办法。《尚书》中的《益稷》《禹贡》篇和《史记·夏本纪》篇中均记载了他"决九州，距四海"的治水方法。他"决"的方法就是疏河导流。

禹治水得到两件宝贝，如虎添翼。

一天，禹在黄河岸上观察水势，以便根据水势施工。这时，突然水浪中水波翻腾，水花高溅，接着跃出一个人，却是人面鱼身。这个"人鱼"出了水面，递给禹一块石头，然后翻身钻入河里，不见踪影。禹立即细看这块石头，上面有曲线纹路，好像一幅地图。禹马上明白了，刚才来送石的是黄河水神河伯，河伯给他的是一幅治水图，即传说中的大禹治洪的"河图"，河图中画出了在中原大地上的河川道路。

禹在开凿龙门时还得到另一个宝贝。一天，禹走进一个很大的岩洞，越往里去，光线越暗，最后黑得难以前进。突然看见前面有一个发光点，那光点竟越来越亮，以致把整个山洞都照亮了。再往前走一看，原来是一条巨大的黑蛇，长十余丈，头生角，嘴含夜明珠。黑蛇把前面的路给禹照亮了，禹就跟着黑蛇往前走，走到一亮

插图 7-2.1 大禹治水图（东汉画像石拓片）

这幅画像中，大禹手持治水工具，头戴斗笠，上身着宽袖衣，下身穿裳，足登方口鞋。这个风尘仆仆的形象，再现了大禹跋山涉水，历经千辛万苦消除洪患的生活。

堂的殿堂，上坐一位人脸蛇身的"人蛇"，周围站着黑衣者。禹马上明白这是蛇身人面的伏羲，是九河神女华胥氏的儿子。伏羲幼年时遭受过水灾之难，所以他很理解禹治水的困难，愿意助一臂之力。他见到禹就拿出一支玉简交给禹，这是一枚玉器，形似竹片，一尺二寸长，是用来度量天地的测量工具，这个工具为大禹治水提供了利器。

山陕交界处有一座大山，叫龙门山，和吕梁山相连。黄河汹涌澎湃，势不可挡向东奔去，但到了此处，龙门山却挡住了它的去路。走投无路的黄水回头倒流，泛滥成灾。这时，禹从积石山（在今青海省）疏导黄河来到这里，他察看过水势地形后，举起神斧向大山劈去，龙门山轰然分开，一条河道出现，黄河大水从悬崖峭壁上夺路向下狂奔，龙门山分为两半，如两扇巨门，耸立于黄河两岸，人们形象地叫它为"龙门"。据说，江河的鱼到一定的时间会游到此处，聚集在一起，争先恐后地往上跳，跳上去的就会成龙而升天，跳不过去的仍为鱼。还有一说：龙门附近有一个"鲤鱼洞"，有的鲤鱼跑出来就逆水游到跌水处，便拼命往上跳，本领大的跳上去就成了龙。"鲤鱼跳龙门"成了飞黄腾达的象征。

禹凿龙门的传说最早见于《墨子·兼爱》："古者禹治天下，西为西河渔窦，以泄渠孙皇之水。北为防原，注后之邸，池之窦，洒为底柱，凿为龙门，以利燕、代、胡、貉与西河之民。"墨子所说的"西河"，就是今山西、陕西中间的黄河，古人称作西河。

禹劈开龙门山，疏导了这段黄河水，治理好了这里的水患，又沿黄河向下走去。距龙门山几百里又一座大山挡住了黄河水的出路，又是一个洪水肆虐的地方。禹勘察山势地形，举起他的神斧，向大山劈去，但石山未能分开。是石坚难开，还是开山有误？禹做了调整。他先用巨斧劈开一条缝隙，用右脚蹬着北山，左脚蹬住缝隙，又开双腿，用力猛蹬，大山裂成两半，洪水从中间咆哮而过。在那山上留下了一个硕大的脚印，人们称它"神脚掌"。但当汹涌的黄河水向东流进了一个湖之后，大水又没有了出路。禹马上察看地形，在湖对岸的大山前，他挥动巨斧，连劈三下，大山被劈开三条水道，黄河水向东顺势流去。后人根据三条水道的水势不同，自南向北起名为"鬼门""神门""人门"。"三门峡"自此诞生。

传说，大禹斧劈三门，水向东畅流时，上游大湖中有一只巨大的乌龟穿过三门峡水道，被冲流到这里，有时上岸伤人。禹抽出虬龙宝剑，剑柄化作一头雄狮，剑身化作一根通天石柱，立于鬼门，挡住了大乌龟的逃路。雄狮治服了大乌龟。禹封大乌龟为巡河大王，来监督黄河中的水怪，不让它们再兴风作浪，危害百姓。

"鬼门"水流湍急，"人门"水流平缓，冬季干枯。距三门峡市区 30 公里下游是神门，黄河激流中屹立着一座石岛，冬天水浅时，它露出水面两丈多；洪水季节，

插图 7-2.2 鲤鱼跳龙门图（清代乾隆年间水墨画）

"鱼跃龙门，过而为龙，唯鲤或然。"传说鲤鱼跳的龙门，是指黄河壶口瀑布晋陕大峡谷最窄处，黄河鲤鱼跳过则成龙。自古民间以"鲤鱼跳龙门"比喻中举、升官等飞黄腾达之事，后比喻为逆流前进、奋发向上等意义。此画清代佚名水墨画作，画中上方一条巨龙半空下降，腾云驾雾，张牙舞爪，似在鼓励鲤鱼勇于直前，栩栩如生。画面下部那条鲤鱼，刚从汹涌的波涛中跃起，似乎受到龙的感染，神情坚定地向上跃去，形象逼真。

它只露出一个尖顶，好像洪水就要把它吞没。千百年来，无论狂风暴雨的侵袭，还是惊涛骇浪的冲刷，它一直力挽狂澜，巍然屹立于黄河之中。它如怒狮雄踞，刚强无畏，被喻为中华民族精神的象征。公元638年，唐太宗李世民来此看到这个石岛，赋诗一首："仰临砥柱，北望龙门，茫茫禹迹，浩浩长春。"并命大臣魏征刻于其上。著名书法家柳公权也为它写了一首长诗，其中有"孤峰浮水面，一柱钉波心。顶住三门险，根连九曲深。柱天形突兀，逐浪素浮沉"等佳句。传说这是大禹治水时留下的镇河石柱。

传说，很久以前，有一位老艄公率领几条货船，要通过"三门"向黄河下游驶去。货船行至神门河口时，突然狂风暴雨而至。峡谷的河面上白浪滔天，颠簸着货船；雾气滚滚，看不清水流方向。老艄公驾船穿过神门，勇猛地向前冲去，眼看船就要撞上岩石了，老艄公大喝一声："朝我来！"后边货船上的船工一惊，便看到老艄公纵身跳入浪涛之中。船工们还没弄清发生了什么事，只听到前面波涛里有人高呼："朝我来！朝我来！"原来是老艄公站在激流当中为后边的货船导航。船工们驶船到跟前，正要拉他上船，一个浪头打过来，将船推向下游，脱离了险涛恶浪。船工们把货船划到安全处拴好，返回来找老艄公。只见他所在的地方突现出一座石岛，那便是老艄公的化身。从此，这座石岛就挺立于黄河的激流之中，成了过往船只的航标，指引航向。后来，凡过往的航船过三门时，就会朝着这个石岛直冲过去，将要冲撞到石头上的一刹那，石岛前的回水便巧妙地把船推向旁边的安全航道，避开明岛暗礁，驶出三门峡谷，顺流而下。人们叫它"中流砥柱"，这成了三门峡的一处奇景。

插图 7-2.3 玉雕《大禹治水图》

用玉雕来表现大禹治服洪水之患的宏伟功绩，是歌颂大禹的另一种语言风格。此件作品，出自乾隆年间，采用新疆和田重达万斤的玉石山子，费时10年，耗银万两雕琢而成，把大禹率百姓开山疏浚的情景形象地再现出来。

3. 功成盖天

禹劈山成三门峡，黄河急流刚出三门，又撞在两座石岛上，把湍急的河水分成三支，一过石岛，三股力量拧在一起集聚了更大的冲击力，从120米宽的口子狂奔而出，以雷霆万钧之势向东翻腾。河南省的三门峡市至今留有禹治水的遗迹，有禹挖的水井"七口石井"，有禹骑马过三门时在鬼门岛崖头留下的两个"马蹄窝"。

后人出于对禹的敬仰，在三门峡上游黄河最险处建了一座"禹王庙"。禹王庙成了船工们寄托精神的地方。过去，艄公们过三门峡时，先要去禹王庙烧香许愿，燃放鞭炮，然后放心驾起木船冲进激流，穿过岩石，快如箭飞。

禹在三门峡疏通了水道之后，就沿黄河东下到了登封（今河南省登封市），在登封境内的嵩山之西，根据洪水之势在轩辕关（也叫蕈岭口）凿洞开山，以疏通河道。禹是治水工程的总指挥，终日在治水工地碌忙，无暇顾及家室。他的妻子将每顿饭都给他送到工地上，他跟妻子约定，每当听到敲鼓的声音，就是吃饭的时辰。妻子涂山氏不知其奥秘，依夫所嘱每天听到咚咚的鼓声就赶快撑着木筏子，把饭送到大禹的工地上。实际上，大禹为了缩短工期，自己变成了一只巨熊，挖土掘石。他怕妻子看到他的样子受到惊吓，所以才约定了送饭的时间。有一天，禹在紧张的凿石中，不小心踩动了几块乱石，乱石滚下来撞在了鼓面上，发出咚咚的鼓声。涂山氏听到鼓声，以为送饭时间到了便急急忙忙把饭送去。

涂山氏走进工地，看见一只力大无比的大黑熊正在山洞中挖掘推土。涂山氏大吃一惊，原来自己的丈夫竟是黑熊。她心神恍惚地提起饭篮往山下跑去。来到山坡时，她几乎晕倒，还没站稳，就变成了一块巨石。

正午，大禹恢复了人身。他敲鼓让妻子送饭，可是左等右等不见妻来，急忙赶回家，还是不见妻子的身影。他回身往山上一看，山坡上多了一块大石头，走近细看发现有一饭篮。大禹立刻明白了，妻子是看到自己的原形后羞愧难当，怒而成石。但妻子怀孕已久，将要生产。大禹想到此，大喝一声："归还子！"突然，轰隆一声，那块巨石裂开，从

插图 7-3.1 启母石

启母石矗立于河南省郑州登封市嵩山脚下，这块巨大的石头，如一尊雕像。在离此不远立着两根由大块方石头垒成的门柱，上边刻着打猎、农耕的浮雕画。这就是当时大禹的家门口，后人叫"启母阙"。

里面跳出一个男孩。大禹知道这是妻子涂山氏送来的孩子，便急忙抱起。孩子长大后就叫"启"。人们把那块巨石叫"启母石"。

大禹虽然喜得贵子，但失妻之痛使他日夜不安。此事感动了嵩山中岳大神，大神上奏玉皇大帝，"启母石"又变成了涂山氏。

据说登封市有一个"还阳镇"就是对涂山氏的纪念。不过这块"启母石"仍屹立于嵩山南万岁峰下。"启母石"高十多米，围长43米。

东汉延光二年（公元123年），汉光武帝游嵩山时，在启母石旁建"启母庙"（今已不存）。为表彰启的母亲涂山氏支持丈夫大禹治水的功绩，在启母庙前又立起神阙，名"启母阙"。西汉景帝名启，为了避讳，就把启母阙改为"开母阙"。然而后人还是叫"启母阙"。

启母阙损坏较严重，现存神阙，其西阙高3.17米，东阙高1.18米，阙门间距6.8米，阙顶一部分已遗失，阙身用长方石块垒砌。启母阙有两方铭文，均在西阙北面，一方为启母庙铭，篆书，前12行为题名，后24行为四言颂辞和仿楚辞体裁的赋，记述了大禹及其父鲧治水的故事，赞扬了大禹妻子涂山氏支持大禹治水的功劳。字体遒劲俊逸。另一方铭在启母阙铭下，为东汉熹平四年（公元175年）中郎将堂溪典所书的《请雨铭》，隶书，18行。今大部分已风化。阙身四周雕有宴饮、车马出行、百戏、蹴鞠、驯象、斗鸡、猎兔、虎逐鹿、幻术等图案，还有大禹化熊的故事，共存有60幅画像。

中原西部的伊河，发源于熊耳山南麓的栾川县，流经嵩县、伊川，蜿蜒于熊耳山南麓，伏牛山北麓，穿伊阙而入洛阳，东北至偃师注入洛水。中国著名的世界文化遗产龙门石窟就在伊河两岸。伊河两岸相峙的两座山叫熊耳山和外方山，两山逶迤延至伊川县西南边界靠拢，分别突起九皋山和海峰山。传说，这两座山原是相连的，古时山南数山夹峙，形成大湖。滔滔伊河不断注水，湖水增多，形成灾害。大禹治

104

水来到这里，登上海峰山察看地形。他肩扛大斧来到龙门山，举斧劈去，劈开一道沟槽，两山夹沟如墙壁上开洞，洪水穿沟而过，流入黄河。于是湖水消退，伊河水顺河道流淌，两岸成了肥田沃土。两山劈开，犹如伊河上一个缺口，故称"伊阙"。

为了纪念大禹斧劈龙门泄洪的功绩，人们在海峰山修"海渎庙"一座，庙内供奉禹王爷，四时香火不断。不知何时，佛祖率菩萨、天王、力士诸弟子出行到龙门，驻足观望伊水安静地从两山流过，赞扬当年禹王工程之巧妙，造就风景之美丽。欣赏良久，河中水波有情，把众神的影子印在了伊河两岸岩壁上，有大有小，有高有低；面部表情有的慈善，有的英武，有的威严，有的庄重。

当然，传说有历史的影子，却不是历史，伊河两岸的龙门山和香山上的众神像，开凿于北魏孝文帝迁都洛阳之际，之后历经东魏、西魏、北齐、隋、唐、五代的营造，南北长达 1 公里，至今存有窟龛 2345 个，造像 10 万余尊，碑刻题记 2800 余品，是中国石刻艺术宝库之一，被称为"龙门石窟"。

据《史记》记载，禹治理过长江、黄河、淮河、济河。有些历史文献上也有治理泗水、汝水、汉水、漯水等河流的记载。然而，大禹治理黄河水患付出的血汗最多，他的足迹遍布中原，留下了他治水的故事和传说。记载大禹治水的书是《尚书·禹贡》，是最早总结治水所积累的地理知识的史籍。《史记》有描写他治水的形象：他左手握准和绳，右手拿规和矩，车上载着定方位、测四时的仪器，遇山举斧开山，遇河扬铲开挖。他手上长满了老茧，脚底生出了脚垫，满脸泥垢顾不上洗，发簪掉下顾不得捡起。长年在水中泡，脚指甲脱落，小腿汗毛脱光。大禹和工匠们长年奔波于荒山野岭，吃的是粗食野菜，穿的是破衣烂衫；昼则翻山越岭，夜则露宿野外。登山有人摔死，就地而埋；淌河有人淹死，就水而葬。

插图 7-3.2 大禹治水过家门图（局部 明仇英《大禹治水图》手卷）

大禹治水走遍了九州，往返嵩山，三过家门而不入，是千古美谈。明代画家仇英的这幅画，细致地表现了禹过家门的形象，设色工丽，水墨有度，人物造型准确，概括力强。

大禹在治理洪水中，曾三次路过家门。第一次路过时，家里传来婴儿的哭叫，但工程紧张，他没有进家。第二次路过家门口时，儿子已经会叫爸爸了，但因急着赶路，他仍没有进去。第三次路过家门时，儿子已长到 10 岁，儿子拉他回家，但是为赶工期，他又匆匆走了。

在大禹的领导下，治水大军经过 13 年艰苦卓绝的劳动，疏通了 9 条大河，洪水沿着新河道流向大海。打通了各地许多支流，排除了田野上的积水。大禹制服了洪水，完成了千古流芳的伟大业绩。躲避水患的人们又回到了家园，开始重建，修整土地，恢复生产，安居乐业。人民为了感谢他、歌颂他，把中国称誉为"禹城"，禹被封为"夏伯"。

禹虽然治水功高盖天，又受到全国百姓的称颂，但他却功大不居、好让不争，谦卑自律，责躬罪己。对舜帝，大禹仍然毕恭毕敬、唯命是从，从不言劳称功，因此舜帝更加信任于他。舜以自己高度敏锐的政治眼光，选定了禹为自己接班人。舜年老了，按照传统的禅让方式，把部落联盟首领的位置让给了禹，禹成为中国古代继"三皇""五帝"之后的一代英明君主。

4. 开创"家天下"

　　禹继承帝位确立王权之后，在物产富饶、地势险要的嵩山之南，修建了一座都城，叫"阳城"，即今河南省登封市的告成镇。

　　河南省登封市告成镇，古人认为这里是天中地心。清乾隆《县志》载："阳城和太室，都居九州中心，位置非常重要。"告成镇，位于河南省登封市东南11公里处，嵩山和箕山之间，颍河横贯腹地。考古专家在"禹都阳城遗址"上发掘出了城垣、生活用品、生产工具等。还发现了具有极高价值的成套城市供水设施，阳城遗址内铺设了长达千米的战国**晚期的陶水管和城内蓄水**池、水井与陶**水管道分支**，其结构和现代城市自来水管道的铺设方法与原理基本相同，保存完好。

　　禹建都阳城之后，继续巩固和扩大统治范围，后来，他在淮水中游的涂山（今安徽蚌埠）汇合众多部落，接受他们的朝贺。他在黄河南北以及广大归附的九州，设置州牧"政府"来管理，同时建立了实力强大的武装；制定刑罚，奠定了奴隶制国家的基础。禹做了天下共主后，把九州州牧进贡的铜铁等金属，在荆山（今河南省灵宝市阌乡南）铸造了9座大鼎以代表九州。据说，每座大鼎9万人才能拉动。鼎上刻绘九州万国鬼神精怪、毒恶生物图像，放在宫门外，让臣民观看，人们看到鼎上的图像，铭记于心，不管走到什么地方，遇到邪恶厉鬼、水妖山怪，便知其害，即可应对。大鼎图像成了人们出行的指南。这九鼎传到后来，成了国家的象征，得大鼎者得天下。九鼎渐渐成了传国之宝。所以，在春秋时代才有"问鼎中原"的故事并载于史册。

　　大禹在建立王权之前，就曾出现过夏部族与周围其他部族之间争夺联盟首领的频繁战争。由于禹治水有功，夏部族势力增强，得到了各部族的拥护与支持。在禹的王权建立过程中，又发生了征伐三苗的战争。这一次较大的武力征伐，将三苗驱赶到了今河南与湖北交界处。

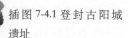

插图 7-4.1 登封古阳城遗址

《古本竹书纪年》载："禹居阳城。"阳城（今郑州登封市东南12里告城镇东北）为中国历史上第一个王朝夏朝的都城。它地处颍河谷地，南隔颍河与箕山相望，《古本竹书纪年》载："禹居阳城。"约公元前2070年，禹在中岳嵩山，西上可进入洛阳盆地，东进直通豫东平原，地理形势险要，禹选此为都，得天独厚。阳城遗址呈南北长方形。北墙沿丘陵筑，中段保留城门遗迹，墙外侧有宽约60米的护城壕沟。东墙仅存部分城墙。西墙仅存北段，墙外侧有宽60米护城壕。南墙现存几段城墙，残墙高1～2米，最高处8米，墙基宽约30米。

106

据史籍记载和传说，舜帝对禹考察了16年，决定把帝位禅让给大禹，但大禹却极力推荐舜的儿子商均嗣位。当舜帝在南巡路上死去，禹服丧三年后，把帝位让给了商均，而后来到阳城躲避起来。但天下诸侯不去朝商均，而跑到阳城去拜大禹。大禹看到了自己的威望和实力，欣然面南接受了帝位，于公元前2005年建立了我国第一个奴隶制国家，国号为"夏"，宣告我国第一个王朝夏朝正式建立了。大禹把都城从阳城迁到了阳翟，即今河南省的禹州市。

禹州市是中华民族发祥地之一，素有"华夏第一都"的美誉。禹州古称夏邑、阳翟、钧州，地处中原腹地，山清水秀，气候宜人。禹州自古就是中华民族的繁衍生息之地，又是政治、经济、文化的中心。早在5000年前，中华人文始祖轩辕黄帝就曾在禹州活动。在公元前21世纪之后，夏部族把禹州作为活动的中心地域，夏禹建都于此。禹州雄踞中原腹地，自古交通便利，物产丰富，商贾云集，王侯将相盛出，名流百工不乏，韩非子、吕不韦、聂政、吴道子、张良，这些黄河骄子、中原名家、名臣、名将，为中华民族灿烂的文化留下了浓墨重彩。

夏朝被称为"华夏第一国"，禹则被称为"华夏第一君"，禹州被称为"华夏第一都"。夏禹治理洪水，发展生产，"咸有九州"，"协和万邦"，建立大夏，结束了中国原始社会部落联盟的社会组织形态，创造了"国家"这一新型的社会政治形态。

约公元前2198年，禹巡狩江南，时已百岁，死于会稽（今浙江绍兴），就地埋葬。禹没有像舜那样把帝位禅让给优秀的接班人，而是传给了他的亲生儿子启。禹用自己至高无上的王权，改变了中国历史上由部落联盟民主推选首领的"禅让制"，变为按照血缘关系世代传承的"世袭制"，禹开了所谓"父传子，家天下"的先河。启成了"家天下"的第一人。

启继位后，铁腕治国。东方夷族首领伯夷以及启的同姓族有扈氏，打着维护旧传统的旗号，起兵反叛。启立即用武力征服了他们，杀掉了伯夷，将有扈氏罚作牧奴。他召集四方诸侯在都城夏邑（今河南省禹州市）举行庆典，据史书《竹书纪年》记载，夏启为了庆贺新王朝的建立，"大飨诸侯于钧台"，在都城内的钧台举行盛大国宴，以确立自己的王权。

钧台也叫"夏台"，原在禹州城南，距城十里。《水经注》载，在三峰山东南，大陵之西，陵上有"启筮亭，启享神于大陵之上，即钧台也"。后来历经战乱，古钧台已荡然无存。清康熙三十八年（公元1699年），知州于国壁在禹州城的西北角，重建古钧台。清代光绪年间，又重修过一次。古钧台遗址略呈长方形，坐北朝南，砖石结构。正中有一拱券门洞，南北透过。拱券上额有"古钧台"三个字，洞门两侧嵌有砖刻楹联一副：上联"得名始于夏"，下联"怀古登几台"。台上建有亭殿

插图 7-4.2 古钧台遗址

古钧台遗址在河南省许昌禹州市内，又名"夏台"，夏启在此举行开国典礼大宴诸侯，为朝廷议国事处，是夏"皇宫帝苑"重要组成部分。夏桀曾囚商汤于此，故又称"中国第一座监狱"。原台毁于战乱，康熙十八年（公元1697年）禹州知州于国壁筹资重建，砖石结构，略呈方形，高4.4米，阔7.4米，下有洞门，上额书"古钧台"，台上原楼阁建筑，民国时毁损，20世纪90年代重修，台上建仿古亭殿，周围立24根明柱，红柱黄瓦，透花门窗，四边青石雕刻栏杆。古朴典雅，巍峨壮观。

一座，民国年间被毁。1991年，当地政府在原址上重建。重建后的古钧台较之以前宽大，形状近似，过洞装有虎钉朱门，门楣上有石匾一方，上刻"古钧台"三个字。原拱券门洞两侧的楹联，仍然镶嵌于大门两侧。台上亭殿为双重檐两滴水宫殿式仿古建筑，周围有24根朱红明柱支撑着，红柱黄瓦，透花门窗，四边围以青石雕刻栏杆。整体看，古钧台古朴典雅，宏伟壮观。

夏启在钧台开国大典之后，标志着中国历史上第一次实现了社会形态的转型，中国真正进入了一个新的历史阶段，奴隶制社会从此开始。

5. 少康中兴

传说中的夏启于嵩山下裂石而生，而在伟大诗人屈原的《天问》一诗中，启的出生却是另外一种方式。

禹巡治洪水，南北奔波，走遍四方，30岁了还没成家。那年他走到涂山（今浙江绍兴北），遇到一个涂山姑娘，仪容秀美，仪态娴雅，她叫女娇，有的史料中也称她为涂山氏。禹见到她满心高兴，女娇对禹也是一见钟情。可治水巡视，工作急迫，禹还没来得及向心爱的姑娘表达心意，就又南巡灾情去了，给女娇姑娘留下了无尽的思念。女娇在涂山等待禹，可一等再等总不见禹的身影。有一天，女娇终于等来了心上人，禹与女娇便在涂山下成婚了。婚后第四天，禹就离家治水去了。禹走后，女娇终日思念丈夫，生活凄苦，禹便让女娇跟着自己，娇女跟随丈夫不怕吃苦，奔走四方。于是，就有了涂山氏给丈夫送饭看到黑熊的传说以及启母石的故事。

启的母亲就是涂山氏，就是女娇。屈原《天问》中的说法是这样的，一次，禹偶然与涂山氏相遇于台桑，旋即分别。怀孕的涂山氏女在伤念中生下启后就死了。所以，启生下来就失去了母亲，是个苦孩子。

禹把帝位传给了夏启，可启没有把父辈的优良品德传承下去，他做王之后，终日在王宫饮酒作乐，或外出打猎，不理朝政，民怨载道。夏启死后，按照禹传位的范例，把王位传给了他的儿子太康。可他的劣迹随着他的王位，也一起传给了他的儿子太康。

太康从父亲夏启那里学到的是喝酒、打猎，从不管国家大事，东夷族首领有穷氏后羿乘机把太康赶下台，把太康的弟弟仲康立为傀儡王。后来寒浞杀死了仲康的儿子相，夺取了王位。相的妻子逃出去后，生下一子名少康。后来，少康被寒浞打败，投奔有虞氏。有虞氏国君看中了少康，把两个女儿嫁给了他，并为他在纶邑修建了城郭。纶邑，地理位置优越，西有嵩山，北有具茨山，南临颍水，土地肥沃，气候宜人，有田一方（方圆5公里），有众一旅（500人）。少康有了安身之地，纶邑成了他的根据地。他在此招纳散亡的夏朝遗民旧部，发展生产，积蓄力量，团结其他部族，最终消灭了寒浞及其余党。少康"整威仪东南行，求阳翟夏王之故都"，茸宫室，修钧台，视九鼎，天下诸侯拥戴他。夏失国数十年后，少康终于复国，登上王位，"坐钧台而朝诸侯"，这就是历史上的"少康中兴"。

作为少康中兴根据地的纶邑，也叫"少康城"。少康城历经风雨几千年，旧城遗迹大部分已荡然无存，今只有部分残缺城墙依稀可见。少康城遗址距禹州30多公里的顺店镇，在小镇北8公里处，即为少康城旧址。从西汉到三国时期，纶邑归颍顺郡管辖，叫纶氏城。北魏到唐，在此设康城县。旧城北部为紫禁宫城，东部为外城，城中有少康练兵点将的墩台，两丈多高。

从夏启所建立的中国历史上的第一个王朝，传至末代帝王夏桀，最终为商汤所灭，历时432年。

古钧台的后面有一座禹王庙。禹王庙始建于唐代天宝年间（公元742年—756年），原庙规模宏大，有大殿、二殿、廊房等建筑。殿内供奉着禹和夏启两尊神像。因年久失修，今仅存一座大殿和两块石牌。在禹州梁北乡的三峰山之东，达柏山的山坡上有一座庙宇是纪念禹的妻子的地方，叫"禹妃庙"。据《史记·夏本纪》注解《索隐》记载，禹治理水患时，娶了涂山女子为妻。于辛日结婚，到甲日就奔赴治水工地了，在家只过了四天的婚期。后来有了儿子，但禹没有时间教养。他治水十三载，三过家门而不入，全心全意在治水。因此，家中育儿养家之事全靠贤妻。后人为了表彰妻子的贤淑建了这座庙宇作为纪念。每年农历三月初八，周围的百姓都会来此朝拜进香，香火旺盛。今禹妃庙的庙宇尚存，仍有不少人来此进香。

禹州市有条街因古钧台而得名，叫古钧台街。在街的中段东侧，有一处根据民间传说建造的"井"，叫"禹王锁蛟井"。传说尧舜时洪水泛滥，是因为有蛟龙作怪。那蛟龙兴风作浪，鼓动水势，冲堤防，淹村庄，老百姓家破人亡，流离失所。大禹在众神的帮助下，制服了九条蛟龙，有一条被锁禁于一口八角井中，人们把此井叫"禹王锁蛟井"。

传说大禹治水时，禹州城北有对孤独的老夫妇收留了一个被水冲来的小孩。这个孩子聪明可爱，可春夏秋冬整日泡在水里玩耍。一天，大禹察看颍河水情，路过禹州北关石桥，发现水中有个小孩嬉水。他心中生疑，仔细一看，正是他要追踪擒拿的蛟龙。为了不惊动蛟龙，他悄然离去，暗中观察。他了解到这个蛟龙化身的小孩，被一对老年夫妇收养。于是他就找到两位老人攀谈，并被留下吃午饭。正吃面条，小孩进了家门，他看到大禹扭头就跑，大禹急从碗中挑起一根面条，说声："变！"面条变成又粗又长的铁索套在了小孩子脖子上。大禹喊叫道："畜生，还不现出原形。"于是，一条粗如水桶的几丈长的蛟龙趴在地上了。两位老人吓得魂飞魄散。大禹说明了缘由后，用铁索将蛟龙锁在了一口八角井中。

八角井建于何时，无从考证。当地政府经反复论证，找到原井方位，重建了禹王锁蛟井。这座建筑为仿古歇山亭榭式，亭子挑角起脊，上覆青灰色古瓦，殿内粉壁彩屏，外壁檐下绘着大禹治水的故事，共24幅。殿内有大禹塑像，高达2.84米，站立于锁井边，井口有巨石掩盖，石上穿一条铁索，向井下垂去，青石雕刻的蛟龙头，浅露水面，俯视井中，隐约可见。

插图7-5 古陶器上刻画的符号

夏朝第三个帝王太康将都城迁到了斟鄩，史书记载："太康居斟鄩，羿亦居之，桀又居之。"斟鄩是夏朝四个帝王的都城。斟鄩，即今洛阳偃师市西南9公里处二里头村附近。20世纪50年代末，在二里头发掘夏都斟鄩，出土了大量石器、陶器、玉器等物，闪烁着几千年"夏文化"的光芒。其陶器上刻画的符号，是制陶工匠表示某种特殊含义的标记，达20多种。它已具有汉字的笔画形状，与文字的创造有一定联系，是代替结绳记事的开始。

秫酒鼻祖杜康

第八章

问祖

第八章 秫酒鼻祖杜康

秫酒鼻祖杜康

1. 黄帝时代的杜康

　　中国古籍中有很多关于酒的记载，从《诗经》到《红楼梦》，3000 余年的文学和历史著作中，几乎都离不开酒。如今我们的生活中酒无处不在，有朋自远方来，以酒接风可表达款款厚意；有友相别而离，以酒饯行而表依依深情；佳节假日，酌酒以助其乐；寿诞生子，置酒以示恭贺。喜乐之事无酒不成席，而哀忧之时有酒方可寄托。丧葬祭日，无酒不足致悲；困苦坎坷，喝酒以释其怀；愁郁烦闷，举杯以消其忧。哪里有人，哪里就有酒；哪里有酒，哪里就有事有情。小小的杯中之物，成了人们抒发情怀，寄托理想，人际交往，缓解心理以平衡，调节你我以沟通的必备之物。

　　但是这第一盅酒是谁酿造的呢？是谁人贡献于世的？

　　我国是酒的故乡，也是酒文化的发源地，是世界上酿酒最早的国家之一。酒的酿造，在我国已有相当悠久的历史。在中国数千年的文明发展史中，酒与文化的发展基本上是同步进行的。据有关资料记载，地球上最早的酒，应是落地野果自然发酵而成的，酒的出现是天工造化。晋人江统（圉县，今河南杞县圉镇人）在《酒诰》

SERIES ON THE HISTORY
AND CULTURE OF

中原历史文化系列丛书

插图 8-1.1 中国古代酿酒图

传说在黄帝时代人们就已开始酿酒。汉代成书的《黄帝内经·素问》中记载了黄帝与岐伯讨论酿酒的情景，《黄帝内经》中还提到一种古老的酒——醴酪，即用动物的乳汁酿成的甜酒。黄帝是中华民族的共同祖先，很多发明创造都出现在黄帝时期。

里载有："酒之所兴，肇自上皇……，有饭不尽，委余空桑，郁结成味，久蓄气芳。本出于此，不由奇方。"说明煮熟的谷物丢在野外，在一定自然条件下，可自行发酵成酒。人们受这种自然发酵成酒天工造化的启示，才逐渐发明了人工酿酒。

人工酿酒的先决条件应该与陶器发明和烧造紧密相连，否则，人工酿酒便无从"酿"起。考古证明，在近现代出土的新石器时代的陶器制品中，已有了专用的酒器。我们的祖先很早就能酿酒，特别是人类社会进入农业社会后，谷物的剩余为酿酒的发展创造了条件。考古证明，在9000年前中原的先民就已经会酿酒了，而到了5000年前黄帝时代，酿酒业逐步形成并发展。与此同步的是专用制酒器和饮酒器已经存在。由于这是文字出现之前的现象，所以，黄帝时代的酿酒和酒业的发展，在民间就有了种种传说，而且具体化、人物化。口口相传，代代相承，夏、商、周等各朝代久传不衰，例如黄帝时代传说的酿酒人物就有仪狄和杜康。

公元前2世纪史书《吕氏春秋》上说："仪狄造酒。"汉代刘向所著《战国策·魏策》上记载："昔者，帝女令仪狄作酒而美，进之禹，禹饮而甘之，曰：'后世必有以酒亡其国者'。"据先秦典籍记载，仪狄是夏禹时代司掌造酒的官员，中国最早的酿酒人，而且是位女子。汉代许慎在《说文解字·酒字条》中也有同样的说法。夏禹叫仪狄去酿酒，仪狄经过一番努力后，酿出味道醇美的美酒，将其进献给夏禹，夏禹喝了，觉得确实美好。禹毕竟不是凡人，他喝了仪狄的美酒后，就有预感，做出了断言，酒必亡国。关于仪狄造酒，在《太平御览》中也说："仪狄始作酒醪，变五味。"另有一种说法叫"仪狄作酒醪"。"醪"，是一种把糯米发酵而成的"醪糟儿"。醪糟儿色洁白，质细腻，性温软，其味甜，糟糊稠状可当主食，糟糊上面汁液清亮，这就是酒，仪狄给禹喝的就是这种酒。为什么帝王要女子来酿造酒呢？这应该是当时社会分工不同的缘故，上古女性专门做酒的发酵类技术。

造酒的人不只是女子仪狄，还有一个男子叫杜康，传说是造酒的鼻祖。据西汉刘向所辑战国史书《世本》卷一记载："帝女仪狄始作酒醪，变五味，少康做秫酒。"东汉许慎所著《说文解字》里记载："杜康作秫酒，以善酿得名，盖抑始于此矣。"

仪狄与杜康造的酒不同，仪狄是用糯米酿制，而杜康是用"秫"作料。"秫"是黏高粱，泛指高粱，可以做烧酒。人们认为杜康造酒高于仪狄。故杜康历来被尊为"酒祖""酒神""酿酒鼻祖"。

杜康是从哪里来，又是如何造酒？有几种版本的传说。东汉许慎著的《说文解字》里记载："杜康作秫酒。"宋人朱翼中《酒经》中也说："酒之作尚矣，仪狄作酒醪，杜康作秫酒。"其他如《竹书纪年》《战国策》《史记》《汉书》《水经注》《杜氏志要》《酒谱》等历史典籍中均有杜康造酒的记载和描述。

有一种传说的版本，说杜康是黄帝的一位大臣。晋代人江统所著的《酒诰》一

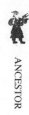

ANCESTOR

问祖

插图8-1.2 新石器时代的酒器彩陶觚

此件饮酒器彩陶觚，高15厘米，尖圆唇，大口外侈，曲腹较深，小平底，底沿外凸较宽。器内器外皆施红彩，器外腹在红彩地上又绘以黑彩弧线三角，犹如黑地上彩绘的红色花瓣纹一样，也许这正是几千年前东夷匠师所想达到的艺术目的。觚本身是饮水、饮酒之器，最早产生于新石器时代中期，距今7000—9000年，陶器工艺有很大改进，普遍采用泥片贴塑法、捏塑法和泥条盘筑法，以红色、褐色陶为主，烧成温度提高，但器表存在色泽不一的现象，装饰普遍比较简单，在黄河流域彩陶开始萌芽。这件彩陶觚，制作精美，彩绘细致，颜色鲜艳，是新石器时代大汶口文化不可多得的酒器珍品。

书中有"酒之所兴，肇自上皇"的记载。

当时的轩辕黄帝已由一个部落酋长做了部落联盟的领袖，被推上"天下共主"的尊位。那时，人们的生存主要是靠农牧业，主持农牧业是部落联盟领袖的主要职责。《庄子·在宥》上说："黄帝立天子十九年，令行天下，闻广成子在于崆峒之山，故往见之，曰，'吾欲取天地之精，以佐五谷，以养民人，为之奈何？'"黄帝要顺天时，适地利，种五谷，养子民。黄帝重视农牧业生产，杜康管理生产粮食。天下太平，土地肥沃，风调雨顺，连年丰收，粮食越打越多。杜康把丰收的粮食存入山洞里，山洞里潮湿，粮食放久全霉坏了。黄帝非常生气，处置了杜康，但仍让他负责粮食保管。黄帝警告他，粮食再有霉坏，就要处死。

杜康心中虽很难过，但他想到自己不但没有贡献，而且还犯了罪。他暗自下定决心定要将粮食保管好。但要保管好粮食，必须解决储存粮食的地方，为此他苦苦思索，处处寻找。有一天，杜康来到森林里的一片开阔地，发现周围有几棵大树枯死了，粗大的树干里边已空。杜康受到启发，如把粮食装在树洞里，也许就不会霉坏了。于是，他找遍树林里枯死的大树，集中掏空处理，然后将收获的粮食都装进树洞里了。

时过两年。一天，杜康去查看粮食，登山突然发现一棵装有粮食的枯树周围躺着几只山羊、野猪和兔子。走近一看，动物虽然还活着，似乎是在睡觉，杜康一时纳闷。这时，一头野猪醒了过来，一见来人，窜进树林。一会山羊、兔子也醒来纷纷逃走了。他正准备走，又发现有两只山羊在装有粮食的树洞跟前低头舔着什么。杜康停下观察那两只山羊，只见山羊摇摇晃晃要走，可走不远就都躺倒在地上了，杜康跑过去详细察看山羊刚才用舌头舔的究竟是什么东西。

杜康一看吓坏了，装粮食的树洞，裂开一条缝，里面的水不断往外渗出，山羊、野猪和兔子就是舔了这种水才倒在地上的。杜康闻了一下，那水特别清香，不由得尝了一口。有些辛辣，但却很甘美。他一连喝了几口。霎时，只觉得天旋地转，刚向前迈出两步，身不由己地倒在地上，昏昏沉沉地睡着了。当他醒来时，只觉得精神饱满，浑身是劲。他顺手摘下腰间的尖底罐，将树洞里渗出来的味道浓香的水，

插图8-1.3酿酒图（东汉画像砖）

东汉许慎《说文解字》载："杜康作秫酒。"杜康发明了利用粮食发酵而造酒，就是"酿酒"，这是杜康的发明创造，所以称他为酒业的鼻祖、酒神。考证发现，今河南省洛阳市汝阳县蔡店乡杜康村为当年杜康造酒之处。明万历年间《直隶汝州全志》载："杜康叭就是现在的杜康村。"汉代墓室建筑用作装饰的画像砖，在结构、造型和线条的处理上，具有质朴雄劲、生动优美的境界，朴素、写实、活泼的特色，艺术价值极高，是古代劳动人民智慧的结晶，古典现实主义的艺术珍品。

盛了半罐带回去，向同事讲述了发现的情况，马上把带回来的水让大家品尝，大家都称好喝，觉得很奇怪，有人建议快向黄帝报告。但杜康却有顾虑，黄帝知道又把粮食放霉了，那可是死罪。但瞒是瞒不过去的，他只好硬着头皮去报告。

黄帝听完杜康的报告，又仔细品尝了他带来的水，立刻找来大臣们商议。大家品尝后一致认为这是粮食中的元气，并非毒水。黄帝命杜康继续观察，找出原因。经过观察、琢磨，原来粮食经过长时间的风吹、日晒、雨淋后，自然发酵就会变成这种水状的东西，他把这个原因报告给了黄帝。黄帝很高兴，即命会造字的仓颉，给这种香味很浓的水取个名字。仓颉就造了一个"酒"字。

杜康从空桑藏粮自然发酵中得到启发，反复研试，遂得酿酒之秘，造出了开天辟地的第一杯秫酒，被黄帝提拔为宫中的膳食官，即宰人。我国远古时候的酿酒事业出现了。后世人为了纪念杜康，便将他尊为酿酒始祖。

116

2. 夏朝的杜康

传说的另一版本，可在《说文解字》里找到，此书为东汉许慎所著。许慎是东汉经学家、文字学家，汝南召陵（今河南郾城）人，他博学多才，知识精深。他的文字学专著《说文解字》是我国字典的奠基之作，是中国最早的一部古文字典，是中国第一部系统地分析汉字字形和考究字源的字书。这部巨著集先秦文字之大成，历来为考察汉字的历史，甚至一些历史事实，提供了宝贵的资料。《说文解字·巾部》中，在释"帚"字的字义中说："古者少康初作箕帚，秫酒。少康，杜康也。"这里所说的"箕帚"，是指用竹篾、柳条等编制的扫除尘土、垃圾的用具。说明杜康其人是一位发明创造的多面手，他不但发明了人们日常生活中的一些用具，还发明了人们喜欢的一种上等饮品"酒"。

许慎在《说文解字》里解释"酒"字时，先说"古者仪狄作酒醪"，说明仪狄是用糯米酿造酒的第一人；紧接着一句又说"杜康作秫酒"。他在这里明确了杜康是"秫酒"的首创者。秫，即黏高粱，也作高粱的统称。按此说，杜康是用高粱酿酒的创始人。在杜康之前，即使有酒的历史，却没有人用高粱酿酒，杜康填补了谷物酿酒的空白，真正的"酒文化"才出现。在粮食作物中，高粱比黍、稷、粟、稻

此件陶尊为泥质深灰陶，大口，长颈，深腹，底内凹。颈、肩及上腹部饰多周凹凸弦纹和压印纹，下腹部饰绳纹。器形健壮雄浑，颇具阳刚之气。此尊制作精美，结实牢固。"尊"是大型盛酒、酿酒器。甲骨文中的"酉"字就是以大口尊为原型的象形字，"尊"字则是两手捧着大口尊的形象，而"尊"与"奠"通用，表示祭祀时献酒。此件大口陶尊应是夏代酿酒或贮酒器。二里头遗址出土的铜器主要也是酒器，如青铜爵，这些专用酒器的出土，足见当时饮酒之风十分流行的。这与文献记载夏代人喜欢喝酒正好相印证。据部分文献记载，大禹的子孙们都好喝酒，普通的人也经常痛饮，醉了的人扶着没醉的人，没醉的人扶着喝醉的人，嘴里不停地唱着歌，活现出酗酒成风的情形。这种风气的流行也说明当时农业生产有了很大的进步和发展。

的出现要晚。高粱富含淀粉，并含少量的单宁，杜康发现了这种能使酒散发芳香的物质。更可贵的是，杜康没有停止在发现、认识的层面，而是在总结前人酿酒经验的基础上，创造性地用高粱酿酒。以自己创造性的实践，证明了高粱是一种很好的酿酒原料。

历史上不但确立了杜康用高粱酿酒的始祖地位，他的酿酒技艺留于中华历史，传于后世。

许慎在《说文解字》明确地指认"少康，杜康也"。少康为夏王朝第六位帝王。这里有一个曲折生动的历史故事。

夏禹把帝位禅让给儿子夏启，夏启做了帝王后，生活上开始腐败起来，在王宫里终日非看歌舞既外出打猎。腐败的生活早早地让他送了命，后来大儿子太康继位。太康比夏启更腐败，不理国事，带着家人和亲信到洛水北岸打猎，一去就是数月，乐而忘返。此时东边少数民族东夷族强大起来，其首领后羿看到太康无能治国，国人怨恨。后羿便乘太康打猎之机，攻占夏朝的都城安邑（今山西省安邑县境内），不让太康回朝，即把太康的弟弟仲康立为傀儡王，自己掌握了国家大权。可后羿也是喜欢玩乐不善理国之流。他手下有一个惯会献媚、挑拨是非的寒浞，此人阴谋夺权，用酒把后羿灌醉后杀死了。

这时，傀儡国王仲康心情郁闷而死，儿子后相继承了王位。但后相不愿意做傀儡，逃出去投靠了同姓斟灌国（今山东省寿光境内）的斟灌氏和斟氏。寒浞怕留后患，派大儿子过浇攻斟灌氏和斟氏，杀死了后相。后相身怀六甲的妻子后缗从墙洞里偷偷爬出去，投靠了自己的娘家有仍氏（今山东省微山县一带）。后缗在这里生一子，取名少康。

少康从小很聪明，有心计。后缗并不甘心亡国，因此对少康从小进行了"反寒复夏"的教育，常把他祖父一辈太康荒唐失国，仲康做傀儡忧愤而死，以及他父亲后相被杀害等事告诉他，要他报仇雪耻。

年少的少康以放牧为生，外出放牧就要带饭食，常常顾不上吃，偶然间把秣米剩饭放到空桑树洞，一段时间后，自然发酵，少康发现那秣米剩饭变了味，尝尝秣米剩饭产生的汁水竟非常甘美，这引起了他的兴趣。他坚持不懈地思索，反复地研究，终于发现了自然发酵的原理，于是便有意识地进行效仿，不断改进，终于创造出了一套白酒酿造制取工艺，给自己造的酒命名为"杜康酒"。少康酿制的酒，为何不叫"少康酒"呢？《说文解字》注："杜，甘棠也。"原来是取酒甘美之，故叫"杜康酒"，就是"甘美的少康酒"。

少康长大了，先在外祖父有仍氏那里担任管理畜牧业的官，因遭到寒浞的追杀，逃奔到虞舜的后代有虞氏那里，被首领虞思看中，任他为管理膳食的官，借此机会他建立了据地，培养了武装力量，便起兵反寒，厮杀至夏朝的旧都城安邑（今山西省安邑县境内），天下又回到了夏禹子孙的手里。少康还都阳夏（今河南省周口市太康县），后迁都于原（今河南省济源市西北），此即史书中所称的"少康中兴"。

从太康失国到少康复国，共约六七十年，少康中兴立了大功，在夏国兴夏的过程中还酿造出了杜康酒，成为酿酒史上一段佳话。

3. 周朝的杜康

杜康这位从远古时代走来的人物，尽管有许多史料提及，但还是个模糊的形象。他从哪里来，又到哪里去，众说纷纭。除有"黄帝时代之说""夏朝时期之说"外，还有一种说法说杜康是周朝第十一位帝王周宣王（公元前827年—前781年）时代的人。

周朝周宣王一次乘辇路经街上，听到街头小儿拍手念歌，说月升日落，大周就要亡国了。宣王大怒，命人彻查。小儿说三天前一行人所教，说念歌可消灾。宣王让太史伯阳父解歌意，专靠装神弄鬼得宠的伯阳父，说月升日落为阴气上升，阳气没落，当是妖人乱政。

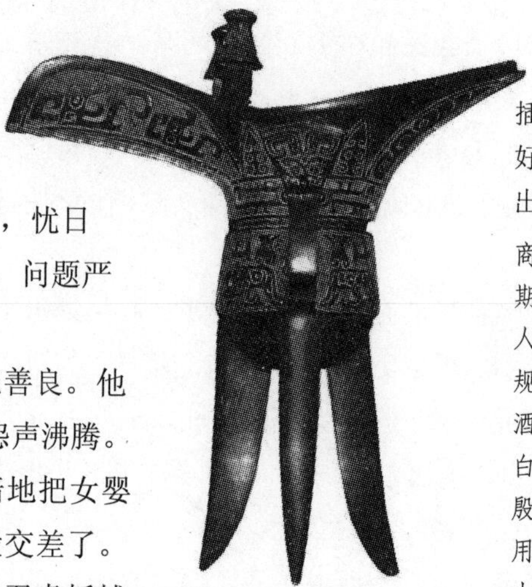

正巧宫中传来消息，今日酉时宫中80岁的老宫娥无孕临产生下一个女婴，且落地能言。周宣王一听感到奇怪，就要去看，这时伯阳上前阻止，说今为酉日，宫女为酉生产。酉日酉时，忧日忧死，女人为阴，所生定是乱国妖女。宣王闻言，问题严重，下旨差御史大夫杜伯前去杀掉女婴。

御史大夫杜伯是三世老臣，为人厚道，心地善良。他知道伯阳父经常胡说八道，冤杀无辜，满朝文武怨声沸腾。杜伯不会杀害一个无罪的孩子，于是先让手下暗地把女婴送出宫，然后带人赶往后宫，虚晃一枪，就回殿交差了。谁知却走漏了风声，宣王知道后大怒，令太宗伯召虎抓捕杜伯及其全家。召虎与杜伯为南征北战老战友，怎忍心杜伯一家人无辜受害，立即差人通风报信，让杜伯家人逃命，然后到杜伯家只拿了杜伯，一把大火把杜府化为灰烬，才回朝复命。

这杜伯就是杜康的爷爷，当时杜康才7岁。杜康在叔父带领下逃了出去。一天，他们来到了豫西伏牛山区的汝阳县凤凰岭，感到已脱离危险，就在此落脚，给山下一农家打工，叔叔干农活，杜康放羊。

杜康经常赶着羊群上凤凰岭放牧，疲倦的时候，他就在山上的一棵老桑树下休息。羊儿在四周悠然地吃草，杜康却忧思满腹，遥望着家乡的方向，忆起了无辜被杀的亲人。他越想越难过，连干粮也不想吃了，于是就将随身带的黏高粱做成的饭团，也就是"秫米团"丢进身旁的桑树洞里。日复一日，桑树洞内的秫米团也积多了，杜康也越来越消瘦。杜康的叔父以为侄子生了病，就找了些霉烂的小麦磨成的粉，也叫"曲粉"，人们认为曲粉是种神奇的药物，包治百病。让杜康去放羊时带着，可治病可充饥。杜康知道自己没病，他把这些曲粉也塞进了山上的桑树洞内。

人是铁，饭是钢。经常不吃饭加上受了风寒，杜康生了场大病，一病就是3个月。他以为自己快死了，就强撑着来到山上的老桑树下，想再看一眼自己放羊的地方，再望一眼自己的家乡。到了桑树下，杜康突然闻到了一股奇异的香味，仔细一找，这香味是桑树洞内溢出的一种液体散发出来的。这种液体看起来清澈透明，像水一

118

插图8-3.1 商代酒器妇好爵（河南安阳殷墟墓出土）

商朝是酒发展的重要时期，在仪狄酿酒之后，人们已经能成熟地、大规模地制曲和用曲酿酒，进一步推进了中国白酒的发展历程。这从殷墟发现的酿酒遗址中用大缸酿酒的情况和出土的商代青铜器中酒器之多，可以得到说明。商代末期的饮酒风之盛是前所未有的，当时从商王到大小贵族及一般的平民无不嗜酒。爵，饮酒器和礼器，流行于夏商周时期，圆腹，也有个别方腹，一侧的口部前端有流（即倒酒的流槽），后部有尖状尾，流与口之间有立柱，腹部一旁有把手，下有三个锥状长足。此件妇好爵为商晚期器物，长流尖尾，伞形顶立柱，兽头鋬，三棱锥实心足。柱顶火纹，柱侧三角纹和雷纹，流两侧饰龙纹，口、流、尾下各饰蝉纹，颈腹饰龙纹，雷纹作地，鋬下铭文二字。纹饰繁而精美。

样，尝起来却热辣辣的，味道十分可口。杜康情不自禁地呷了几口，只觉得一股暖流游走于五脏六腑，感觉通体舒服。

这就是秫米团、曲粉加上水发酵产生了化学反应进而形成的一种神奇的液体——酒。

杜康高兴地用竹筒盛了酒，蹦蹦跳跳地回了家。村人看到杜康抱病上山时还摇摇晃晃，现在回来如变了个人，快步如飞，面带喜悦，纷纷跑来问个究竟。杜康神秘地拿出酒来说是它救了俺的命，说罢便让大家品尝。**哪**知老年人一喝耳灵目明，青年人酒落肚**满面红光**，姑娘们喝下几口光彩照人。这事一传十，十传百，杜康成了十里八乡的名人。

杜康利用桑树洞酿酒。有了酿酒之粮，但还必须有好水。有一天，杜康走出龙门，沿着伊水的南岸来到一条百回千折的小河。他沿着小河溯行，河道越来越窄，河水也越来越清澈，走到小河源头，小河在这里湍急喧闹，洁白如练，消匿于一条小沟中。杜康奔下山坡寻找，发现这里百泉喷涌，泉水清冽，掬起口尝，沁人肺腑。杜康喜出望外，这就是他所急需要的酿酒之水。酿酒离不开水与秫米。秫米发酵离不开好水，杜康离不开"百泉"。他在此搭棚架屋安顿下来，以酿酒为业。此地因"百泉"而有酒，"百泉"因出美酒而名扬，来此地落户的人越来越多，逐渐形成了一个人丁兴旺的村落。人们叫它"杜康村"。那颗自然发酵而成酒的老桑树，人们称之为"酒树"，至今犹在，暴皮粗根、老态龙钟，但却是千年不死，枝叶葱郁。

在今河南省洛阳市汝阳县的杜康河上的二仙桥一带，相传是杜康放羊的地方。在桥头有一棵老态龙钟的古桑树，据说树龄达两千多年，虽历经风雪沧桑，仍然生机勃勃，郁郁葱葱。据说这棵桑树的树洞就是杜康倒剩饭秫米团处。

少康酿造出酒后，世人皆曰佳饮，传到宫中帝王亦视为珍品。杜少康就成了"杜康"，杜康成了酒的象征，"杜康酒"名扬天下。周平王迁都洛阳后，得尝杜康酒，赞其甘美，定为宫中御酒，并封杜康为"酒仙"，赐杜康村为"杜康仙庄"。

4. 杜康村和杜康仙庄

从汝阳县城往北走 25 公里，便来到杜康河畔的一个村庄。小村依山而建，处于龙岭的怀抱之中，这就是有名的汝阳县蔡店乡的杜康村，杜康仙庄就坐落在这里。明万历年间编纂《直隶汝州全志》载："杜康叭就是现在的杜康村。该村三山环抱，一溪旁流。村南杜康河里流水潺潺，清澈见底，其中酒泉沟一段，百泉喷涌，清冽

插图 8-3.2 西周酒器青铜令方彝（河南省洛阳市马坡出土）

周代对酒的限制相当严格，特别在周公辅政之后，颁布了《酒诰》，是针对殷人尚酒、总结殷亡经验而发布的诰辞，其中对饮酒的限制做了明文规定。此件令方彝是西周早期盛酒器，每个边棱和每个平面的中线及脊棱上，均有扉棱一道。盖面雕有兽面纹和凤鸟纹，颈部雕四组虎头双身龙，腹饰大型兽面纹，足饰凤鸟纹。盖和腹的四面饰双龙组成的内卷角大兽面，阔口獠牙，巨晴利爪。口沿下饰双体龙纹，方圈足饰长冠垂尾凤鸟。盖底、盖内各铭 187 字，记周公明保赏赐矢令，矢令乃作器颂扬。记述周公子明保在成周举行祭祀，并受命情况。

碧透，夹岸树木葱郁，景色宜人。"

　　杜康仙庄被杜康河从中横截，分为东西两个部分，而九曲二仙桥和桑涧桥，又将两部分连为一体。桥下河水潺潺，清澈碧透。从源头至杜康村300米处，百泉喷涌，清冽剔透，俗称"百里香泉"，其中最大的是"杜康泉"。据传这里是当年杜康取水酿酒之泉。经专业技术鉴定，泉水为重硫酸钙型矿泉水，含有40多种有益于人体的微量元素。泉中五彩鸳鸯虾，两两相抱，蜷腰而行，为天下一绝。杜康河中养有鸭，鸭子吃了这种虾，所下蛋皆为双黄，且红色，村民饮用杜河水，竟无人患感冒。据史书记载，杜康村的百姓过去用这种鸭蛋进贡而不纳皇粮。

　　杜康造酒遗址在河南省汝阳县城北25公里蔡店乡杜康村，该遗址南北长3公里，东西宽2公里。许多历史文献中均有记载。明朝万历年间编纂的《直隶汝州全志·伊阳（今汝阳县）古迹》载："杜康叭，城北五十里，杜康造酒处，有杜水，《水经注》名康水。"这本书的卷九又说："杜水河，城北五十里……，因杜康造酒于此故名。""杜康叭"中的"叭"字，其本义是指石头的破裂声，而杜康仙庄一带的土壤是风化而成，所以据分析认定"杜康

插图 8-4.1 宋代酿酒图（古画）

　　在河南省漯河市舞阳县贾湖村出土的最早新石器时代陶器壁上的附着物进行化验分析，结果证明，附着物内发现有酒石酸的成分，表明9000年前，中国先民已会酿酒。在山东泰安"大汶口文化"遗址中发现有陶制酒器，表明距今至少5000年前中国的酿酒业就开始了，也就是说在黄帝时代人们就已开始酿酒。那时的人用兽角饮水，也用作饮酒。经过长期实践，改进了酒的载体。考古学家证明近代出土之陶器制品中，已有了专用的酒器，说明早在上古时代酒器与酒同时存在了。这幅酿酒图传递了丰富的中国古代酒文化信息。

叭"这个小村就是杜康仙庄。在杜康仙庄里被风化的山石隙缝中，涌出许多股清冽的泉水，汇入旁村的小河，人们把这段河叫"杜水河"，也就是"杜康河"。编撰于清代道光十八年的《伊阳县志》在"水"条中记载："杜康河，原出牛山（杜康村边的一个地名），过全沟（杜康村相邻的一个村庄）至夹河（汝阳和伊川交界处的村庄）会于伊，长十里。俗传杜康造酒处。"杜康河水经国家药物制品研究所化验分析，水中含有益于人体的微量元素40多种，被国家地质矿产部鉴定为含偏硅酸钙型优质矿泉水，长期饮用有健胃、防癌、预防心血管疾病和推迟妇女更年期等功能。

　　《中国名胜词典》中记载，杜康村在河南省汝阳县城北25公里，为杜康造酒处……所酿之酒为杜康酒。杜康村三山环抱，一溪旁流。村南有一条杜康河，流水潺潺，清澈见底。村之南有一条沟，沟里百泉喷涌，清冽碧透，这便是杜康酿酒取水之处，故被称为酒泉沟。泉旁，还保存有青石匾一块，上书"酒泉"二字，据说是周平王赐名。周平王因国事忧心而病，大臣申伯得知杜康酒能提神祛病，就传杜康向平王进酒。杜康酒取粮之精，得水之华，获地脉之气，人饮之能深入骨髓，祛除沉疴。周平王

120

喝下杜康酒，果然精神大振，即封杜康为"酒仙"，亲赐"杜康仙居"匾额。

东汉初年，光武皇帝刘秀为彰显酒祖杜康的勋绩，在杜康河的源头建起了一座气势恢宏的"杜康祠"。杜康祠的香火盛于唐代，据《唐书》记载："王绩善饮，采义狄、杜康以来善造酒者谱一卷，所居东南有磐石，立杜康祠祭之。"杜康祠毁于明代，清康熙五十年（公元1785年）再建。

杜康酿酒业大规模发展于汉、唐、宋时期。历史出名的是"杜丰""康福"两大官办酿酒作坊。《直隶汝州全志》中描写了官办杜康酒作坊的盛状："烧坊连爿，酒旗招风。"明代末年，李自成起义军李岩部，从嵩县进军至汝州，夜宿杜康村，遭明军袭击。庄主杜髦因暗向义军送情报，被明军查知，杜氏一族百余口被杀。"杜丰""康福"两大酿酒作坊被毁。从此，杜康村酿酒业转为民间酿造。

民国以来，人们在杜康村先后发现了六处古酿酒作坊遗址，其中东周酿酒遗址一处，汉代酿酒遗址一处，明、清酿酒遗址各二处，出土的古酒器有新石器时代的陶制酒器；夏商周三代的铜爵、铜尊等青铜酒器和明、清瓷质酒器等。这些古迹文物印证着杜康酒的历史沧桑。

为弘扬杜康酒文化，当地政府于1988年重修杜康祠。今杜康祠景区东依龙山，西接凤岭，南为杜康河的源头，北与杜康村毗邻，占地106亩。杜康河一溪独流，蜿蜒其间。

杜康造酒遗址南北长约1000米，东西长约1500米，面积约1.5平方公里。

关于为什么将其酿造之物称之为酒，民间还有一个有趣的传说，但人物所处的时代是模糊的。应该是则趣谈，但它却含"杜康文化"之美意。

相传杜康自从发现秫米自然发酵而成的甘美液体后，可就是想不出制作的具体方法。一天晚上，他做了一梦，一位鹤发童颜的老翁飘然来到他的面前，教他酿制

插图8-4.2 杜康仙庄酒祖殿

据《直隶汝州志》记载，公元前770年，周平王因半壁江山被西戎蛮主侵占，不思饮食，卧床不起，于是便引招天下名医诊治，杜康后人献上美酒，平王食后振神增食，龙大悦，遂封杜康酒为"贡酒"，杜康村为"杜康仙庄"。杜康村位于河南省洛阳市南汝阳县。

琼浆的方法，说："你以水为源，以粮为料，把秫米泡在水里，在第九天的酉时，找三个人，每人取鲜血一滴，将三滴血滴在秫米里，就成功了。"老翁说完就飘然而去。

杜康醒来，感到这是神来指点，不可怠慢。等到秫米浸泡第九天的酉时，他去大路旁，等候过路行人。过来的第一位文质彬彬、谦虚有礼，是位书生。杜康上前说明梦中神意，既然是神仙所托，书生欣然允诺，毫不犹豫地割破手指，滴了一滴血，杜康收起来。书生走后不久，又来一队人马，前面有一位大将军，高大威武，英气豪壮，杜康又把梦中之事相告于他。那位将军更是爽快，捋臂挽袖，割破手臂取了血。这时，杜康看看天色，酉时将过，可第三个路人，尚无踪影，心中着急。转念一想，等人不如主动找人，他马上回到村里，正碰上乞丐，似呆似傻，不由分说，上前按住，扎破他的手指，取了第三滴血。

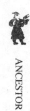

122

杜康如获至宝，跑回家里，把三滴血液滴进泡秫米的水中，此刻，准时准点刚到酉时，清香醇美的秫米液体终于酿制成了。杜康又在思考，这么美妙的琼浆玉液叫什么名字才能相配呢？他反复斟酌，想到：我在这珍液里滴下三滴血，又是酉时滴的，"三滴"加"酉"，是个"酒"字。字写出来了，可怎么念呢？杜康又一想，酉时滴三滴血，是在第九天完成的，就把"酒"念为"九"吧。

于是，世上多了一种叫"酒"的美味饮品。同时，民间传说里也增加了一个杜康酿酒的佳品。

5. 刘伶醉酒的故事

在杜康仙庄里有一处杜康碑林，碑林里保存着海内外许多知名人士、专家学者、文人骚客慕名而来所留下的珍贵的墨宝。其中中国书画大师李苦禅的碑文为一首七律："醉虎眠龙琼浆液，饮到刘伶是酒神，芳遂康河千载誉，名返仙庄一杜魂，昔日魏武解忧酿，今朝百姓庆丰醇，八仙复闻争品嚼，过海犹香九霄云。"在对杜康和杜康酒的高度评价的同时，讲了一个有趣的故事，刘伶醉酒的趣事。

刘伶，字伯伦，西晋沛国（今安徽宿县）人。据史记载："刘伶身长六尺，貌甚丑悴，而悠悠忽忽，土木形骸。"虽相貌丑陋，却是著名史册中以善饮酒著称于世的"竹林七贤"中的一贤，终日与阮籍、嵇康等文人雅士携手出入竹林，饮酒作诗。而他对酒更是情有独钟，对饮酒深有体会，所以他曾作《酒德颂》一篇，流传千古。《世说新语》上说他"纵酒放达"。他喝酒以醉名扬于世，性情超脱，境界高远。

插图 8-4.3 醉饮图（明代万邦治绘）

万邦治，号石泉，明代嘉靖年间画院画家。善画人物，所画人物形神刻画入微，潇洒生动，线条遒劲，挺健酣畅；所绘景物雄奇纵恣，奔放豪爽，流传作品极少。杜甫有《饮中八仙歌》诗作，所咏者皆为当时豪饮名流，万邦治根据杜甫诗意境而绘制《醉饮图》长卷（纵 24.5 厘米，横 143 厘米），形象地刻画了八位高人在流泉旁、林荫下的醉饮之态，或豪饮，或劝酒，或摆手……两个侍童一在倒酒，一扶持醉者。地上散置着琴棋书画、葫芦酒罐，似乎始而论艺，进而痛饮，直至坐卧醉眠。兴未酣者仍举杯劝酒，不胜酒力者避而摆手，醉姿神态跃然纸上。该图作者款识"石泉"，为万邦治的传世佳本。

也许正因为这样，坊间对刘伶醉酒的传说便是神乎其神了。

传说杜康因酿酒声名鹊起，惊动了天宫。玉皇即召杜康上天，封为"酒仙"。有一次，王母瑶池的一个仙童，偷喝了杜康为蟠桃宴酿造的"御酒"，又不慎打碎了一只琉璃杯，被罚到人间受磨难，此人就是刘伶。刘伶来到人间，"酒性"不改，纵酒放达，千斛不醉，一生隐居，以酒伴随，不求功名。

一天，刘伶外出游玩，路经杜康仙庄，在村头酒肆，一副对联吸引了他的目光。上联写道："猛虎一杯山中醉"，下联是："蛟龙两盏海底眠"，横批是："杜康酒家"。刘伶看完，哈哈大笑，我饮酒喝遍天下无敌手，村野小店，如此夸下海口。

他带着挑战情绪走进酒馆，见桌落座，大喝店家来人。从里边走出白发老翁，对刘伶作揖施礼。刘伶问道："你的这小小酒店存了多少坛好酒。"老翁说："敝店小本经营，只贮酒一坛，并无多余。"刘伶又哈哈大笑："一坛酒竟敢开店，那就给我一人喝了吧。"老翁说："客人有所不知，我店酒虽不多，但却是天下名酒杜康酒。凡来往客人，量小者一小杯足矣，量大者一大杯不能再斟。"老人随即给刘伶斟满一大杯。刘伶心中不快，说道："老人家快把那坛酒搬来，我全能喝下，我有的是银两。"老翁说："敝店不在乎银钱，只是怕醉坏了客人。这酒是仙酒，俗人一杯即醉。我闻刘参军你酒量大似海，世人难比，但切不可饮过三杯，不然醉坏身子，老朽担当不起。"刘伶说："无妨，待我与你立字据为凭，即便醉死，与你无关。"老翁取来文房四宝，刘伶挥毫写上"刘伶若醉倒，他人不相干"之类的话，老翁接过字据，即叫人搬来一坛陈酿，刚一启封，香气便扑鼻而来。刘伶惊道："果然好酒！"

刘伶开怀畅饮，三杯下肚，已觉酒力非凡，连叫："好酒，好酒。"说着，酒力已涌上头，刚要站起道别，已觉天旋地转，头重脚轻，身体难支。急命随从扶身上车，酒钱也忘付了。刘伶回到家中，一头栽到床上，倒头便睡，人事不省，3天滴水不进，第4天竟然断气。妻子悲痛欲绝，草草地将刘伶入棺埋葬了。

转眼过了3年，那位卖酒老人来找刘伶家，刘伶妻问找何人，老人说："3年前，刘参军曾在我小店喝了三杯酒，又踢倒酒坛，未付酒钱，今日特来讨取。"刘伶妻子一听，心中好恼，说："他三年前喝酒回来就死了，原来是喝了你家的酒呀！你还敢来要酒钱，去官府讲理！"拉着杜老人就要去官府，老人把刘伶三年前喝酒的经过讲述了一遍，又拿出字据让大家看。老人却笑容满面地说："刘参军乃酒力所

插图 8-5.1 刘伶画像（取自清代沈宗骞《高逸图》）

刘伶，西晋沛国（今安徽宿县）人，"竹林七贤"之一。曾为建威参军。晋武帝泰始初，对朝廷策问，强调无为而治，以无能罢免。平生嗜酒，曾作《酒德颂》，宣扬老庄思想和纵酒放诞之情趣，对传统"礼法"表示蔑视。此图为沈宗骞绘制的《竹林七贤图》残卷中的刘伶画像，刘伶醉酒中回头欲吐，旁站的童子，手捧唾壶忙跪于地去接。人物眼神刻画逼真，衣服线条流畅，画风工致精巧，木石用皴染笔法，突显厚实。沈宗骞，号芥舟，画山水、人物、传神，无不精妙。著《芥舟学画编》，足为画道指南。晚年则纯用焦墨。

124

致，以酒养命已满 3 年，酒力该散，应是苏醒之时。"

刘氏不信，便一起到刘伶坟上掘墓开棺。启开棺盖后一道阳光射入，只见刘伶穿戴整齐，面色红润，跟生前一模一样。老人上前拍拍他的肩膀，叫道："刘伶醒来！"连喊几声，只见刘伶伸个懒腰，打个哈欠，如梦初醒，喷出一股酒气，折身而起，连呼："好厉害的酒，闷煞我也。"坐了起来，拉住老人赞不绝口："好酒，好酒！"

刘伶妻子悲喜交加，正欲上前扶丈夫站起，忽然看见两道金光紫气出现，转瞬间，老人携刘伶已站立云头，正向众人频频点头。刘伶妻子急呼："你要往哪里去，你要往哪里去？"那老翁顺手把肩上钱袋往下一丢，化作三尺白练，悠悠落下。刘伶妻子忙上前拾起，只见上面写道："欲知郎君游何方，瑶池参拜王母娘。"当她再抬头看时，老人和刘伶已无踪影，只有两朵五光十色的祥云冉冉飘去。

原来，那位三年前卖酒、三年后来讨要酒钱的老翁，便是早已成仙的杜康的化身。事情是这样的：一天，王母屈指算来，那位偷喝杜康酒被罚的仙童化刘伶在下界孽数已满，即派杜康去点化他，而后将他收回天宫。

传说归传说，刘伶与杜康不会是同时代的人。然而，汝阳人把他们隔朝隔代地组合在一起，演绎出"杜康造酒醉刘伶"的故事，名人喝名酒，名酒借名人，实在是美谈佳话。

插图 8-5.2 赵孟頫书刘伶《酒德颂》

赵孟頫，元代著名画家，绘画开创元代新画风，被称为"元人冠冕"；书法善篆、隶、真、行、草书，尤以楷、行书著称于世。赵孟頫录写的西晋刘伶《酒德颂》全文，笔法纵逸，自家风貌，肥不没骨，瘦不露筋，姿媚俊逸，出神入化，可谓人书俱老，炉火纯青，是赵孟頫书法的精品之作。此帖写于延祐三年（公元 1316 年），时年赵孟頫 63 岁。

图书在版编目（ＣＩＰ）数据

中原历史文化系列丛书．问祖 / 李鸿安著 .-- 北京：
中央民族大学出版社，2016.12（2018.3重印）

ISBN　978-7-5660-0657-8

Ⅰ．①中… Ⅱ．①李… Ⅲ．①文化史—河南省②中华
民族—民族历史—研究　Ⅳ．①K296.1②K28

中国版本图书馆CIP数据核字（2014）第 003720 号

问祖

著　　者	李鸿安
责任编辑	戴佩丽
装帧设计	汤建军
出 版 者	中央民族大学出版社
	北京市海淀区中关村南大街 27 号　　　邮编：100081
	电话：68472815（发行部）　　　　传真：68933757（发行部）
	68932218（总编室）　　　　　　68932447（办公室）
发 行 者	全国各地新华书店
印 刷 厂	北京宏伟双华印刷有限公司
开　　本	880×1230（毫米）　　1/16　印张：8.375
字　　数	320 千字
版　　次	2016 年 12 月第 1 版　　2018 年 3 月第 2 次印刷
书　　号	ISBN 978-7-5660-0657-8
定　　价	80.00 元